AF537130

Brigitte Schniggenfittig und Jörg Wagner

Wer denkt sich die Wörter aus?

Brigitte Schniggenfittig und Jörg Wagner

Wer denkt sich die Wörter aus?

Eine Wort-Schatz-Suche

Mit Bildern von Dieter Gilfert

Mit Texten und Ideen von Lea Hein, Lea Jöhncke, Kai Lorenz, Marcelina Opitz, Michael Reichelt, Wiebke Richter, Brigitte Schniggenfittig, Sven Staffeldt, Anne Sturm, Marie Tronnier und Jörg Wagner

Mirabilis Verlag

Mirabilis Verlag, 2. Auflage 2021
mirabilis-verlag.de
Website zum Buch: sprachfutter.de
ISBN 978-3-947857-12-8
Text und Idee: Brigitte Schniggenfittig und Jörg Wagner
Illustrationen: Dieter Gilfert
Umschlaggestaltung: Florian L. Arnold
Innengestaltung und Satz: Therese Schneider
Druck und Bindung: Standart Impressa, UAB, Vilnius, Litauen

Bevor du auf Schatzsuche gehst

Was du nicht mitnehmen musst auf diese Schatzsuche: Spaten, Taschenlampe oder Lupe. Eine Schatzkarte gibt es übrigens auch nicht. Was du aber unbedingt brauchst, das sind helle Ohren und wache Augen, um die Wörter unserer Sprache hören oder sehen zu können. Denn die Wörter sind der Schatz, auf dessen Spur dich dieses Buch bringen will. Der Wort-Schatz eben.

Kann sein, dass du jetzt denkst: Was soll an den Wörtern schon so kostbar sein wie ein Schatz? Wörter schwirren doch den lieben langen Tag um uns herum, selbst nachts in unseren Träumen. Da hast du sicher nicht unrecht. Jedoch entdecken wir auch im Alltag richtige Schätze, wenn wir nur ganz genau hinhören und hinschauen.

Der Schatz, nach dem du in diesem Buch suchen kannst, besteht aus vielen kleinen Einzelteilen. Das ist also wie bei einem richtigen Schatz aus lauter Perlen oder Goldmünzen oder Edelsteinen. Je nachdem, was du zählst, sind es entweder 30 oder 40 oder sogar 16 000:

- 12 000 bis 16 000 Wörter gehören zum Wortschatz, der uns tagtäglich durchs Leben begleitet.
- Für all diese vielen Wörter gebrauchen wir aber nur 40 verschiedene Laute. Das ist so, als ob wir mit 40 Spielzeugbausteinen mehrere Tausend unterschiedliche Türme und Häuser bauen würden.
- Um diese 12 000 bis 16 000 Wörter schreiben zu können, haben wir sogar noch weniger »Bausteine«, nämlich die 30 Buchstaben unseres Alphabets.

Die vielen Wörter unseres Schatzes setzen sich also aus nur 40 Lauten oder 30 Buchstaben zusammen. Wenn du mit diesem Buch herausgefunden hast, wie das geht, dann hast du einen Teil des Schatzes geborgen.

Aber es warten noch andere »Perlen« darauf, von dir gefunden zu werden: Wer hat die Wörter erfunden? Und wer legt fest, was sie bedeuten? Warum sind manche Wörter schön und weshalb machen andere uns traurig? Wieso heißen so viele Leute *Müller* und warum sollst du einige Wörter nicht verwenden, obwohl es sie doch gibt? Gibt es für alles ein Wort?

In den Texten werden verschiedene Markierungen verwendet. Du wirst beim Lesen sicher schnell lernen, welche das sind:

- Wichtige Wörter und Beispiele sind mit dieser Farbe hinterlegt.
- Fachwörter haben eine andere Farbe.
- Wenn Bedeutungen von Wörtern erklärt werden, dann kommt wieder eine andere Farbe ins Spiel.

Außerdem gibt es folgende Symbole für die Texte in den Randspalten:

+ zusätzliche Informationen zum Text,
# Hinweise auf literarische Texte,
& Anregungen zum Ausprobieren, Spielen, Raten und Herausfinden,
∞ Verweise auf andere Texte in diesem Buch.

Wenn du Spaß an der Wort-Schatz-Suche hast, kannst du auf der Website des Buches weitergraben. Auf **www.sprachfutter.de** findest du

- alle Texte zum Anhören,
- weitere Erklärungen und Beispiele,
- Spiele und Anregungen zum Mitmachen,
- Tipps zu anderen Sprach-Schätzen im Internet.

Nun aber: Viel Spaß bei der Schatzsuche!

Stationen der Wort-Schatz-Suche

Zwitschern – Grunzen – Knurren – Sprechen

Menschen haben viele Möglichkeiten, um sich gegenseitig etwas mitzuteilen: Wir können zum Beispiel mit dem Finger auf etwas zeigen, um andere Leute darauf aufmerksam zu machen – sofort schauen alle anderen in die Richtung, in die gezeigt wird. &

& Probiere es aus: Wenn du mit deiner Familie am Tisch sitzt, dann schau und zeig plötzlich einfach aus dem Fenster. Was passiert?

Wir können auch etwas zeichnen, zum Beispiel eine Wegskizze zu einem Treffpunkt. Oder wir können das Gesicht verziehen, um zu zeigen, dass etwas eklig schmeckt: Babys machen das ganz oft. Und manchmal spucken sie auch einfach alles wieder aus.

Mit dem Finger auf etwas zeigen, etwas aufzeichnen und Grimassen ziehen – das alles reicht leider nicht aus, um uns gegenseitig all die Dinge mitzuteilen, die für uns wichtig sind. Am besten funktioniert es, wenn wir miteinander sprechen. Was genau machen wir aber, wenn wir sprechen? Eigentlich ganz einfach: Wir machen mit unserem Mund und unserer Stimme ganz unterschiedliche Geräusche oder Töne. Diese Geräusche und Töne werden auch Laute genannt.

Doch was ist daran so besonders? Auch Tiere machen doch Laute! Und sie machen diese Laute ebenfalls, um etwas mitzuteilen.+ Wenn die Katze schnurrt, weil wir sie streicheln, wissen wir: Das gefällt ihr. Wenn ein Hund knurrt oder bellt, will er uns vielleicht warnen.#

+ Tiere machen nicht nur Laute, um sich mitzuteilen. Sie »sprechen« auch mit ihrem Körper, bewegen sich nach bestimmten Mustern und nutzen elektrische Spannung oder chemische Botenstoffe. Und Menschenaffen verwenden sogar Gesten.

Karsten Brensing: Wie Tiere sprechen – und wie wir sie besser verstehen

Und wenn Tiere Schmerzen haben, schreien manche eigentlich fast genauso wie wir, wenn uns etwas so richtig wehtut. Das machen die Tiere – wie auch alle Menschen auf der Welt – ganz automatisch. Und es klingt auch auf der ganzen Welt ziemlich gleich.

Wenn es aber nur ein bisschen wehtut, dann schreien wir nicht. Vielleicht rufen wir dann nur: Aua! Hast du schon mal ein Tier getroffen, das Aua! gezwitschert, gegrunzt oder geknurrt hat? Sicher nicht, außer vielleicht im Trickfilm.

Das ist schon ein erster wichtiger Unterschied zwischen den Tierlauten und den Lauten, aus denen die menschlichen Sprachen bestehen: Aua! ist vielleicht noch kein »richtiges Wort«.∞ Aber es besteht aus Lauten, die in vielen unterschiedlichen Sprachen auch unterschiedlich sind: Ein Kind aus Russland ruft zum Beispiel Oi!, wenn es sich wehtut, eines in Japan Itai!

∞ Wer denkt sich die Wörter aus? (S. 26)

Wir Menschen stellen aber noch viel mehr mit den Lauten an, die wir mit Mund und Stimme machen können. Wir können zum Beispiel ganz viele völlig unterschiedliche Laute nacheinander machen. Und dann kommt vielleicht so etwas dabei heraus:

Au-a, m-ei-n r-e-ch-t-e-r D-au-m-e-n
t-u-t f-u-r-ch-t-b-a-r w-eh. I-ch
h-a-b-e m-i-r g-e-r-a-d-e m-i-t d-e-m
Ha-mm-e-r d-a-r-au-f g-e-h-au-e-n.

Auch das sind eigentlich alles »nur« Laute. Aber diese Laute haben eine ganz bestimmte Ordnung.# Und das ist der zweite große Unterschied zu den Tierlauten: Die Laute ergeben nämlich viele verschiedene Wörter, die alle eine Bedeutung haben.

Wie werden aus lauter Lauten lauter Wörter? (S. 12)

Aus diesen Wörtern wiederum bauen wir unendlich viele Sätze. Und damit können wir den anderen Menschen sehr viel mehr und sehr viel genauer mitteilen, was uns wichtig ist: Mit dem Aua! am Anfang ist schon klar, **dass** uns etwas wehtut. Und danach können wir sagen, **was** uns wehtut, **wie sehr** es wehtut und **warum** es uns wehtut oder was passiert ist.

Tiere machen Laute. Und Menschen auch, ja. Aber nur der Mensch baut aus einer bestimmten Menge unterschiedlicher Laute unendlich viele und je nach Bedarf immer wieder neue, lange und gar nicht so einfache Lautketten. Nur so schaffen wir es, anders als die Tiere, uns über viele unterschiedliche und sehr komplizierte Dinge unterhalten zu können.

Wie werden aus lauter Lauten lauter Wörter?

Kam es dir schon mal in den Sinn, deine Wörter zu zählen, also alle, die du kennst? Tue es lieber nicht, denn es dauert ewig. Erwachsene gebrauchen im Alltag etwa 12 000 bis 16 000 Wörter. Insgesamt gibt es im Deutschen sogar rund 350 000 Wörter. Nimmt man noch den Wortschatz verschiedener Fachleute hinzu, dann ist die Million schnell voll.+

+ Manche Forscherinnen und Forscher zählen sogar fast drei Millionen Wörter.

Und nun kommt´s: All diese Wörter werden nur aus rund 40 Lauten gebildet!∞ Eigentlich kaum zu glauben: Derart viele Wörter aus nur 40 Lauten!? Wie ist so etwas möglich?

∞ Zwitschern – Grunzen – Knurren – Sprechen (S. 9)

Spielen wir doch einfach mal mit fünf Lauten, die in der deutschen Sprache ganz schön häufig vorkommen:

A–E–D–L–N

Daraus lassen sich zum Beispiel bauen:∞ +

∞ Tom Riddle trifft Ojahnn Golgo van Fontheweg (S. 76)

+ Bei den Anagrammen geht es zwar nicht um Laute, sondern um Buchstaben. Aber es ist dieselbe Idee.

LADEN
NADEL
ADELN

Nun verwenden wir einfach einen der fünf Laute mehrfach. Zum Beispiel N oder D, und schon haben wir drei Wörter mehr:

LANDEN
NADELN +
DADDELN

+ Der zusätzliche Laut N zaubert also aus einer Nadel mehrere Nadeln oder auch das Verb nadeln.

Aus den fünf Lauten A–E–D–L–N haben wir mittlerweile sechs Wörter gebaut. Und wenn wir nun einen, zwei oder sogar drei dieser fünf Laute weglassen, dafür aber andere mehrfach verwenden, werden es gleich noch viel mehr:

Mit vier unterschiedlichen Lauten:
ELEND – LENDE – ADEL – ELAN – LADE – LAND
Mit drei unterschiedlichen Lauten:
EDEL – ENDE – ANAL – ALLE – DENN – DANN –ADE – DEN
Und mit zwei Lauten:
AN – DA – NA

Wieder siebzehn Wörter mehr! Jetzt haben wir schon dreiundzwanzig! Nun kannst du dir vielleicht vorstellen, wie das geht: aus 40 Lauten hunderttausende Wörter bauen.

Wir können unsere fünf Laute aber auch in eine ganz andere Reihenfolge bringen:

ALDEN – ELDAN – DLANE – NALDE – LEDAN

Und plötzlich verstehen wir keinen Ton mehr. Niemand, der nur deutsch spricht, weiß, was NALDE ist. In dieser Reihenfolge haben die Laute im Deutschen einfach keine Bedeutung. Laute lassen sich also nicht beliebig kombinieren. Manchmal kommt nur Unfug dabei heraus.

Unfug macht aber hin und wieder richtig Spaß, zum Beispiel in

erd Raturteli, sonderbes ni Schichtenge und Dichtenge rüf Inderk.

Verzeihung! Zum Beispiel in

der Literatur, besonders in Geschichten und Gedichten für Kinder.

In der Geschichte vom »Wechstabenverbuchsler« wird Herr Mackerbenn – nein, Entschuldigung: Herr Beckermann – aus der Drehtür eines Kaufhauses geschleudert. Seitdem vertauscht er die Laute … mit staffenarken Folgen.#

Mathias Jeschke und Karsten Teich: Der Wechstabenverbuchsler

Doch Spaß beiseite und zurück zum Zahlenspiel. Im Deutschen bilden wir aus 40 Lauten also fast eine Million (1 000 000) Wörter. Würde jede mögliche Kombination dieser 40 Laute, die Mathe-Genies errechnen können, eine Bedeutung haben, dann hätten wir 815 915 283 247 897 734 345 611 269 596 115 894 272 000 000 000 Wörter.

Das aber wäre erst recht Unfug und gar nicht witzig. Erstens könnte sich niemand so viele Wörter merken.+ Und zweitens gäbe

+ Auch wenn Erwachsene alltäglich »nur« 12 000 bis 16 000 Wörter gebrauchen, merken sie sich die Bedeutung von etwa 50 000.

es zwar lauter einzelne Wörter, aber keine Ordnung mehr nach ihrer Form und Funktion.

Für die Wörter, die wir tatsächlich haben, gibt es diese Ordnung aber zum Glück, auch wenn sie nicht immer alle glücklich macht: die Grammatik.

Was haben Laute mit Grammatik zu tun? Ziemlich viel: Bestimmte Laute kommen nämlich immer wieder an gleicher Stelle vor und haben dann immer wieder dieselbe Funktion. Sie bilden grammatische Muster. + ∞ Hier nur einige wenige Beispiele:

FISCH	FISCH-en	FISCH-er	FISCH-er-in
SIEG	SIEG-en	SIEG-er	SIEG-er-in
SPIEL	SPIEL-en	SPIEL-er	SPIEL-er-in

Diese Muster sind ein weiterer Grund, warum wir Laute nicht beliebig kombinieren können. & Sie machen es aber auch möglich, aus einem einzigen Wort viele andere Wörter abzuleiten.

Nun kannst du dir vielleicht noch besser vorstellen, wie das geht: aus 40 Lauten hunderttausende Wörter bauen!

+ Solche immer gleichen Lautmuster sind Wortbausteine, die Morpheme genannt werden.

∞ Wörter mit Kleinigkeiten – oder sind es Zauberdinger? (S. 94)

& Einen anderen Grund dafür, warum wir die Laute nicht beliebig aneinanderreihen können, kennst du auch aus einem Spiel: Stille Post. Schon kleinste Ungenauigkeiten sorgen für Chaos. Da wird aus Wald schnell mal Ball, aus Schule wird Schuhe, und stinken lässt sich geflüstert kaum noch von blinken unterscheiden.

Wenn Flammen flüstern und Autos schnurren

In dem Gedicht »Das Feuer« beschreibt James Krüss, was wir alles hören, sehen, riechen und fühlen, wenn wir vor einem Lagerfeuer sitzen.# Lies und hör einmal in die erste Strophe hinein:

James Krüss hat das Buch »Timm Thaler oder Das verkaufte Lachen« geschrieben. Vielleicht hast du es gelesen oder den Film gesehen?

Hörst du, wie die Flammen flüstern,
Knicken, knacken, krachen, knistern,
Wie das Feuer rauscht und saust,
Brodelt, brutzelt, brennt und braust?

Lies die Wörter aus dem Gedicht nun noch einmal laut, gaaanz langsam und deutlich:

flüstern – knicken – knacken – krachen – knistern – rauschen – sausen – brutzeln – brausen

Hast du jetzt gehört, dass in diesen Wörtern all die Geräusche stecken, die ein Feuer macht, wenn es so richtig schön lodert?

Wörter, die Geräusche nachahmen, nennen wir lautmalerische Wörter. So, wie wir mit Pinsel und Farben etwas malen können,

was wir sehen, zum Beispiel den Mond und die Sterne, genauso geben wir mit unserer Sprache etwas wieder, was wir hören.

Solche Lautmalereien sind ganz besondere Wörter: In den Verben plätschern, blubbern, glucksen, rauschen oder platschen können wir das Wasser doch regelrecht hören, oder? Vielleicht hören wir sogar noch mehr, zum Beispiel, ob es sich um ein kleines Bächlein handelt, das neben dem Weg plätschert, oder ob es ein großer Strom ist, dessen Rauschen wir schon von Weitem hören.

Lautmalerische Wörter gibt es nicht nur für Geräusche aus der Natur. Nehmen wir einmal die Fahrzeuge. Was machen Fahrzeuge? Sie fahren. Deshalb heißen sie ja auch so. Und, hast du schon irgendetwas gehört? Nein, vermutlich nicht, denn in dem Verb *fahren* steckt irgendwie kein Geräusch drin. Dabei machen Fahrzeuge doch aber Geräusche, und zwar manchmal sogar ziemlich laute: Sie tuckern, knattern, rattern, klappern, surren oder schnurren.

Schnurren? Das ist ja eigentlich ein Wort für das Geräusch, das Katzen machen, gleichmäßig und leise, wenn sie zufrieden sind. Wenn also ein Auto über den Asphalt schnurrt, dann fährt es ebenso leise und gleichmäßig. Elektro-Autos klingen zum Beispiel so.

Da wir grad beim Schnurren der Katzen sind: Wörter für Tierlaute werden ganz oft dann verwendet, wenn wir anschaulich

ausdrücken wollen, wie jemand spricht. Wir schnattern, gackern, quaken, brummen, krächzen, piepsen, fauchen oder bellen.

Dabei übertragen wir den »eigentlichen Sinn« dieser Wörter, nämlich ein Tiergeräusch wiederzugeben, auf die Sprechweise der Menschen.+ ∞ Übrigens haben wir eine solche Sinnübertragung auch im Beispiel der schnurrenden Autos.

+ Lautmalerische Wörter sind also auch Metaphern.

∞ Was is'n das für 'n Saustall hier? (S. 65)

Wenn James Krüss uns erzählt, dass die Flammen flüstern, so hat auch er den Sinn übertragen. Flüstern kann nämlich eigentlich nur der Mensch. Wenn die Flammen aber bei Windstille aufflackern und hin und wieder zischen, dann klingt es manchmal so, als würden Menschen flüstern.

Lautmalerei hilft uns dabei, dass wir uns viele Dinge besser vorstellen können. Wir verstehen sie dann auch ohne viele Worte. Außerdem ist Lautmalerei ein echter Ohrenschmaus! Jedenfalls bei James Krüss.

Nur der alten, sprechenden Krähe in einem Gedicht von Paul Maar ist das egal.# Die beschwert sich nämlich, und das vielleicht sogar zu Recht:

Paul Maar: Die Krähe (Auszug), in: JAguar und NEINguar

Es ist nicht richtig und wirklich nicht fein,
dass Hähne krähen, das seh ich nicht ein.
Die Krähe soll krähen, sonst dauert´s nicht lange,
bis ich auf einmal zu hahnen anfange.

Deutsch ist, wenn es knackt und blökt

Hören Menschen anderer Muttersprache Deutsch, sagen sie oft, es klinge hart und kompliziert:

> *Hier knackt es, gähnt es, jault und ... bellt es. Man wiehert und knattert, klemmt, krächzt, hustet und blökt. Man surrt, summt, schleckt und prustet-pustet. Ein ständiges Streitgespräch zweier Halskranker. So klingt Deutsch.* #

So beschreibt die Lyrikerin Nora Gomringer in dem kleinen Text: »Wie klingt eigentlich Deutsch?«, wie die deutsche Sprache von Sprecherinnen und Sprechern anderer Sprache wahrgenommen wird.

Wie eine Sprache klingt, hat unter anderem mit den Lauten zu tun, aus denen die Wörter gebildet werden. Laute machen Sprachen so unverwechselbar wie Fingerabdrücke. Wodurch entsteht nun aber der typische Klang des Deutschen, der in fremden Ohren so hart und kompliziert klingen mag?

Die Wörter im Deutschen werden aus ungefähr 40 Lauten zusammengesetzt. Davon sind mehr als die Hälfte Mitlaute. Außerdem gibt es 16 Selbstlaute. Damit hat das Deutsche vergleichsweise viele Selbstlaute. Vor allem ä, ö und ü gibt es in nur wenigen anderen Sprachen. Man könnte daher sagen, dass **ä**tzend, d**ö**sen und Eineurost**ü**ck typisch deutsche Wörter sind.+

Obwohl es so viele Selbstlaute gibt, ist das Deutsche auch für Wörter berühmt, in denen viele Mitlaute hintereinander stehen. Das ist zum Beispiel bei e**rnst**, se**lbst**, **angstschl**otte**rnd** oder He**rbstst**urm der Fall.

Solche Wörter sind oft schwierig auszusprechen, vor allem für Menschen, die Deutsch erst lernen müssen. Wenn du diese Wörter langsam und deutlich aussprichst, bekommst du vielleicht eine Idee davon, warum Deutsch für fremde Ohren *bellt* und *krächzt* und *pustet* …

Ein anderer Grund, warum das Deutsche so hart klingen mag, ist der Knacklaut. Beim Knacklaut gibt es in deinem Hals eine Mini-Explosion. Klingt verrückt? Probiere es aus! Und lies am besten wirklich laut:

die Spiegelei.

Und gleich noch einmal: die Spiegelei.

Wenn du willst, ein drittes Mal: die Spiegelei.

Gut. Und nun lies:

das Spiegel-Ei. Das SPIEGEL-EI. Das Spiegelei.

Hast du den Unterschied gehört? Vielleicht hast du festgestellt, dass du das Spiegelei nicht ganz so schnell aussprechen konntest wie die Spiegelei. Warum? Bei dem zusammengesetzten Wort Spiegel-Ei hast du nach Spiegel- eine kleine Pause gemacht, bevor das Wort -Ei begann.

In dieser Pause hat in deinem Hals die klitzekleine Explosion stattgefunden: In deinem Kehlkopf gibt es zwei Stimmlippen, die wie eine Automatiktür funktionieren. Beim Atmen sind sie immer offen, beim Sprechen schließen und öffnen sie sich. Beginnt ein Wort mit einem Vokal, sind sie erst ganz fest geschlossen. Sobald du anfängst zu sprechen, werden sie blitzartig aufgesprengt: Ein

+ Mitlaute (also zum Beispiel m oder k oder l) erklingen immer nur gemeinsam mit einem anderen Laut. Ihr lateinischer Name Konsonant setzt sich zusammen aus *con* (= mit) und *sonans* (= tönend, klingend), bedeutet also mit-klingend. Selbstlaute klingen allein und für sich selbst: a – e – i – o – u. Sie werden auch Vokale genannt. Das ist lateinisch und bedeutet so viel wie mit der Stimme. Vokale sprechen wir kurz oder lang aus. In Post ist das o kurz, in Trost hingegen lang.

kleiner Luftschwall darf hindurch, und das klingt jedes Mal wie ein ganz kurzes Knacken.

Weil im Deutschen viele Wörter zusammengesetzt sind, klingt das Deutsche auch ein bisschen »knarrig«. Knarren ist übrigens auch ein typisch deutsches Wort: In nur wenigen Sprachen beginnen Wörter mit einer Kombination aus k und n.+ Im Deutschen sind es dagegen sehr viele, zum Beispiel kneten, Knie, Knolle und knurren.

+ Im Englischen gibt es ebenfalls Wörter, die mit kn- beginnen, zum Beispiel knight (Ritter) oder knife (Messer). Beim Sprechen fällt das k aber weg: nait und naif.

Und, klingt das Deutsche deswegen wie das *Streitgespräch zweier Halskranker*? Das kommt wohl vor allem darauf an, welchen Klang die Ohren gewöhnt sind. Im Farsi, das im Iran und in Afghanistan gesprochen wird, ist es zum Beispiel besonders wichtig, schöne Knacklaute zu sprechen. Und im Kroatischen gibt es Wörter, die kommen sogar ganz ohne Vokale aus, zum Beispiel Krk (das ist eine große Insel im Mittelmeer) oder trg (Markt) und vrt (Garten).

Für deine Ohren klingt Deutsch bestimmt nicht hart und kompliziert. Sondern vielleicht eher wie das Klingeln von Schlittenglocken, wie geheimnisvolles Wispern oder zufriedenes Seufzen.#

So ähnlich beschreibt Nora Gomringer, wie ihre Muttersprache Deutsch für sie selbst klingt.

84 Kilogramm deutsche Wörter

Die abenteuerlustige Roxy aus der Buchreihe »Roxy Sauerteig« schreibt ein Wörterbuch, und zwar ein spezielles, nur für Kinder: Sie schreibt darin die Wörter so auf, wie sie es für sinnvoll hält.# Unter A schreibt sie zum Beispiel das Wort Abendteuer auf und erklärt es so:

> *Abendteuer werden mit einem d zwischen dem n und dem t geschrieben, da sie meistens abends stattfinden, wenn es schon dunkel ist.* +

Sie schreibt also ganz im Sinne von *Otto Graf Hie* – und nicht der Orthografie. Im wirklichen »Wörterleben« gibt es ein solches Wörterbuch allerdings nicht. Dafür gibt es andere. Auch wenn sie nicht so witzig sind wie Roxys Wörterbuch. Dafür sind sie aber nützlich.

Das fanden auch die Gebrüder Jacob und Wilhelm Grimm. Die beiden haben nicht nur Märchen gesammelt, sondern auch Wörter. Vor fast 200 Jahren begannen sie damit.

Seit die mutige Roxy Sauerteig mit ihrer Mama in das kanariengelbe Haus mit der delfinblauen Tür gezogen ist, gibt es so manches Geheimnis zu lüften. (Katharina Reschke: Roxy-Sauerteig-Buchreihe)

+ Das Wort Abenteuer hat natürlich überhaupt nichts mit Abend zu tun.

Sie trugen alle Wörter, die es damals in der deutschen Sprache gab, sorgfältig zusammen. Jedes einzelne Wort schrieben sie auf eine kleine Karte. Außerdem notierten sie auch, wo sie das Wort gefunden hatten, was es bedeutete und wie es verwendet wurde. Aus diesen Karten sollte dann ein Wörterbuch entstehen.

Das hatte bis zu dieser Zeit noch nie jemand in einem solchen Umfang für die deutsche Sprache gemacht. Und es war sehr viel Arbeit! Und zwar so viel, dass die Brüder es zu ihren Lebzeiten nur bis zum Buchstaben E schafften. Als Wilhelm 1859 starb und vier Jahre später auch sein Bruder Jacob, da waren sie erst beim fünften Buchstaben des Alphabets angekommen. Blieben »nur« noch einundzwanzig … +

+ Das deutsche Alphabet hat 26 Buchstaben, wenn die Umlaute ä, ö, ü und auch das ß nicht mitgezählt werden.

Doch wenn sie auch gestorben sind, so lebt ihr Buch noch heute. Viele fleißige Wortsammlerinnen und Wortsammler arbeiteten über hundert Jahre daran weiter. Als das »Deutsche Wörterbuch« im Jahr 1971 endlich fertig war, gab es darin ungefähr 330 000 Wörter! Die 32 Bände wogen zusammen ganze 84 Kilogramm.

Heute, also über 50 Jahre später, sind es noch einige Wörter und vermutlich auch einige Gramm mehr. Tja, ganz leicht sind Wörter eben nicht. Aber zum Glück müssen die 32 Bände ja heutzutage kaum noch herumgetragen werden. Ein Smartphone genügt …

Das »Deutsche Wörterbuch« der Grimms ist ein allgemeines Wörterbuch zur deutschen Sprache – ein sogenanntes Universalwörterbuch. Es gibt auch Wörterbücher für spezielle Zwecke, zum Beispiel orthografische Wörterbücher, in denen wir die Schreibweise und die grammatischen Besonderheiten der Wörter nachschlagen.

Du weißt nicht, wie ein Wort richtig ausgesprochen wird, das du gelesen hast? Dann schau in einem Aussprachewörterbuch nach! Ein Bedeutungswörterbuch zeigt, in welchem Zusammenhang ein Wort gebraucht werden kann und welche Bedeutung es dann hat.

Außerdem gibt es Wörterbücher, in denen wir uns über die Herkunft eines Wortes informieren können, sogenannte etymologische Wörterbücher. Fremdwörterbücher erklären die Wörter, die aus anderen Sprachen ins Deutsche eingewandert sind. +

+ Wörter auf Wanderschaft (S. 82)

Und dann gibt es da noch alle möglichen Fachwörterbücher, zum Beispiel für Medizin, Technik oder Sprachwissenschaft. Oder welche für Spiele, zum Beispiel für Scrabble oder Kreuzworträtsel.

Zusätzlich zu all diesen einsprachigen Wörterbüchern gibt es natürlich auch noch zweisprachige, zum Beispiel für das Sprachenpaar Deutsch-Englisch oder Englisch-Deutsch.

Ach ja: Und es gibt immer noch Roxys spezielles Wörterbuch für Kinder. Und wer ist dieser *Otto Graf Hie*, den Roxy erwähnt? Nun, er ist der »Erfinder« einer »sinnvollen« Rechtschreibung: Die Wörter sollten wir so schreiben wie das, was wir in ihnen sehen! Meint zumindest Roxy.

Spieglein, Spieglein an der Wand – nenn mir das schönste Wort im Land!

Welches Wort ist das schönste in der deutschen Sprache? Um das herauszufinden, gab es 2004 einen großen internationalen Wettbewerb. Alle, die mitmachen wollten, durften genau ein Wort vorschlagen und sollten begründen, warum sie dieses Wort besonders schön finden.

Fast 23 000 Menschen aus vielen verschiedenen Ländern haben mitgemacht. Die meisten von ihnen waren allerdings Erwachsene. Deshalb hat auch ein Wort gewonnen, das du vielleicht langweilig findest und möglicherweise gar nicht so genau verstehst: Es war das Wort Habseligkeiten.

Es fand aber auch ein Wettbewerb »Das schönste Wort der Kinder« statt.# Was denkst du, welches Wort hier gewonnen hat? Es war das Wort Libelle. Der Junge, der Libelle vorgeschlagen hat, war damals neun Jahre alt. Er schrieb:

Wenn du mehr wissen willst über den Wettbewerb, über die Begründungen und die Wörter, die am häufigsten genannt wurden, dann schau ins Buch: Jutta Limbach (Hrsg.): Das schönste deutsche Wort. Liebeserklärungen an die deutsche Sprache.

> *Mein schönstes deutsches Wort ist »Libelle«, weil ich Wörter mit dem Buchstaben »l« liebe und dieses Wort sogar drei davon hat. Das Wort lässt sich irgendwie so leicht sprechen. Das flutscht so auf der Zunge.*

Du hättest ein ganz anderes Wort ausgesucht? Nun, das ist normal, denn schließlich klingen für jeden Menschen andere Wörter schön. Wörter mit besonders vielen Vokalen klingen fast so, als würden wir sie singen. Probier's doch einfach mal aus! Lies schön langsam, deutlich und vor allem laut:

Rhabarbermarmelade – Unkenrufe – Rehgehege

Besonderen Spaß macht es, Wörter auszusprechen, die irgendwie doppelt gemoppelt sind, so wie Firlefanz, Singsang oder Halligalli. Manchmal klingen Wörter auch einfach nur lustig, so wie schnurzpiepegal, Mumpitz oder schnabulieren.

Bei schönen Wörtern geht es jedoch nicht nur um den Klang. Häufig mögen Menschen Wörter, die besonders schöne Dinge oder Ideen bezeichnen. So ist das zum Beispiel bei dem Wort Geborgenheit. Geborgenheit bedeutet, dass man sich irgendwo sicher, warm und beschützt fühlt. Auch das Wort Liebe finden sehr viele Menschen besonders schön.# Und anderen gefällt das Wort Vanilleeis.

Es muss aber nicht immer eine besonders schöne Sache sein, damit wir das Wort dafür mögen. Wörter können auch rätselhaft klingen und gar nicht mehr richtig in unsere Zeit passen. Einfalt, Arglist oder Wagemut sind solche Wörter.

Manchmal kommen sie in Märchen vor und sorgen dort für eine ganz besondere Stimmung. Ältere Menschen benutzen solche Wörter gern. Frag sie doch mal, was ein Wonnemonat, ein Backfisch oder ein Tunichtgut sind. ∞

Tja, und welches deutsche Wort ist nun dein Favorit? Und warum? Klingt es schön? Bedeutet es etwas Besonderes? Ist es rätselhaft und geheimnisvoll? Oder trifft vielleicht sogar alles gleichzeitig zu?

Manchmal sind die Wörter, die wir mögen, auch ganz kurz. Zum Beispiel das der Dichterin Rose Ausländer:

Wir wohnen
Wort an Wort

Sag mir
dein liebstes
Freund

meines heißt
DU

∞ Urururomas Kunkelmagen und ein Beinschneider (S. 44)

Wer denkt sich die Wörter aus?

Ständig denken sich die Menschen neue Dinge aus. Das Rad, vor ungefähr 5 500 Jahren. Vor 4 000 Jahren das Alphabet. Das Papier vor ungefähr 2 100 Jahren und den Bleistift vor fast 500. Das Internet ist erst knapp 50 Jahre alt.

Was sich die Menschen aber auch immerfort ausdenken, das sind neue Wörter. Denn all die neuen Erfindungen müssen ja irgendwie benannt werden. Das ist wie bei einem Baby: Wenn es erst einmal geboren ist, bekommt es auch einen Namen.

Geht das aber auch andersherum? Können wir uns erst ein Wort ausdenken und dann darauf warten, dass jemand etwas Passendes erfindet? Wort-Erfinder wäre doch bestimmt ein spannender Beruf: Sich den ganzen Tag lang neue Wörter ausdenken und an Leute verkaufen, die gerade eins brauchen!

Aber wie sollte das funktionieren? Nun, vielleicht so, wie es Pippi Langstrumpf gemacht hat.# Eines schönen Nachmittags, als Thomas und Annika sie besuchen, macht sie es ganz spannend:

Astrid Lindgren: Pippi findet einen Spunk

»Denkt bloß«, sagte Pippi träumerisch, »denkt bloß, dass ich das gefunden habe! Gerade ich und niemand anders!«
»Was hast du gefunden?«, fragten Thomas und Annika. [...]
»Ein neues Wort«, sagte Pippi, [...]. »Ein funkelnagelneues Wort!«

Irgendwann rückt Pippi dann damit heraus: *Spunk*!

SCH-P-U-N-K. Fünf Laute, die wir prima nacheinander aussprechen können. Und die auch erst einmal so klingen, als könnten sie ein Wort sein. So wie N-A-L-D-E oder K-N-I-R-F oder S-M-O-R-P. Aber irgendwie fehlt uns bei all diesen Lautketten etwas. So geht es auch Pippis Freund Thomas, denn er wundert sich:

»Spunk?«, fragte Thomas. »Was bedeutet das?«
»Wenn ich das bloß wüsste«, sagte Pippi. »Das einzige, was ich weiß, ist, dass es nicht Staubsauger bedeutet.«

Die drei wissen also gar nicht, was Spunk ist. Ihnen fehlt die Bedeutung. Ist Spunk dann aber überhaupt ein Wort? Damit wir etwas ein Wort nennen, müssen immer zwei Seiten zusammenkommen: Erstens: Wir brauchen eine Reihe von Lauten, die wir einigermaßen gut aussprechen können.+ ∞ Und zweitens: Wir müssen wissen, was diese Lautkette bedeuten soll.

Nur wenn beides gleichzeitig da ist, dann haben wir ein Wort: Die Lautkette, die wir aussprechen oder hören können, und die Bedeutung, die irgendwie im Kopf gespeichert ist.+ ∞ Das ist wie bei unserem Kleingeld: Jede Münze hat immer zwei Seiten, egal, ob es ein Cent oder ein Zweieurostück ist.

Pippis Spunk klingt ein bisschen wie das Wort Spuk. Die Lautkette SCH-P-U-K bedeutet irgendetwas Geheimnisvolles, Unerklärliches, vielleicht etwas mit Geistern. Spuk hat beide Seiten: Lautkette und Bedeutung. Deshalb ist Spuk also auch ein Wort.

Was aber mit der Lautkette SCH-P-U-N-K gemeint ist, wissen wir nicht. Die Bedeutungsseite fehlt.+ Ein Wort ist Spunk also nicht. Es steht deshalb auch in keinem einzigen Wörterbuch.

+ K-SCH-R-L-T-S-U-Ö-T-N-K zum Beispiel funktioniert nicht gut, obwohl das alles Laute unserer deutschen Sprache sind.
∞ Wie werden aus lauter Lauten lauter Wörter? (S. 12)

+ Manche Lautketten haben übrigens mehrere Bedeutungen.
∞ Läuft! Auch ganz ohne Beine ... (S. 47)

+ Wenn Du wissen willst, ob Spunk in Pippis Welt am Ende doch eine Bedeutung hat, wirst du die Geschichte wohl selbst lesen müssen. Vielleicht hast du sogar schon mal Spunk gegessen: So heißt nämlich eine salzige Lakritze aus Dänemark.

Was aber, wenn wir uns für Spunk, Nalde, Knirf oder Smorp einfach Bedeutungen ausdenken würden? Nun, dann hätten wir wohl tatsächlich Wörter erfunden! Viele Geheimsprachen funktionieren so. Aber nur dann, wenn viele Menschen diese neuen Wörter benutzen, kommen sie auch in ein Wörterbuch.#

Schriftstellerinnen und Schriftsteller erfinden gern neue Wörter. Zum Beispiel Joanne K. Rowling. Sie hat sich die ganze Harry-Potter-Welt ausgedacht und brauchte deshalb viele neue Wörter.# Zum Beispiel für das Spiel, bei dem die jungen Zauberlehrlinge auf einem Besen fliegen und einen kleinen geflügelten Ball jagen. Weder für das Spiel noch für das Spielgerät gab es schon ein Wort. Also musste sie sich Wörter ausdenken: Quidditch und Schnatz.&

Dass wir Menschen uns ständig neue Wörter ausdenken, ist notwendig. Wir brauchen sie für all die Erfindungen, für neue Ideen und fantastische Geschichten. Ein großer Spaß kann das Wörter-Erfinden aber auch sein. Und das Beste daran ist: Wir können alle mitmachen, jeden Tag!

Das schafft übrigens der Fünftklässler Nick in Andrew Clements Buch »Frindel oder die Kunst, ein Wort neu zu erfinden«. Und Nick wird damit sogar reich.

Joanne K. Rowling: Harry Potter und der Stein der Weisen

& Das Wort Schnatz findest du übrigens sogar in einigen Wörterbüchern. Allerdings mit einer ganz anderen Bedeutung, die nicht viele Leute kennen. Finde sie heraus!

Wörter sind wie Trampelpfade

Besser als Geburtstagsgeschenke sind nur Un-Geburtstagsgeschenke. Das findet zumindest Humpty Dumpty, das große sprechende Ei, dem Alice in der Welt hinter dem Spiegel begegnet.#

Lewis Carroll: Alice hinter den Spiegeln

Un-Geburtstagsgeschenke kann es nämlich an dreihundertvierundsechzig Tagen im Jahr geben – Geburtstagsgeschenke aber nur an einem einzigen. Humpty Dumpty lässt Alice diese komplizierte Rechnung ganz genau prüfen: 365 Tage – 364 Tage = 1 Tag! Dann stellt er fest, mächtig stolz und auch ein bisschen überheblich:

> *»Damit wäre erwiesen, dass du an dreihundertvierundsechzig Tagen etwas zum Un-Geburtstag bekommen kannst und nur an einem etwas zum Geburtstag. Was für eine Blüte!«*

Eine Blüte? Vermutlich geht es dir jetzt so wie Alice:

> *»Ich verstehe nicht, was Sie mit ›Blüte‹ meinen«, sagte Alice.*
> *Humpty Dumpty lächelte abfällig. »Natürlich verstehst du das nicht, solange nicht, bis ich es dir erkläre. Ich meinte: ›Was für eine nette, überzeugende Darlegung!‹«*
> *»Aber ›Blüte‹ bedeutet doch gar nicht ›nette, überzeugende Darlegung‹«, wendete Alice ein.*
> *»Wenn ich ein Wort gebrauche«, sagte Humpty Dumpty nun ziemlich gereizt, »dann bedeutet es genau das, was ich will – nicht mehr und nicht weniger.«*

Geht das einfach so? Wer legt fest, was die Wörter bedeuten? Irgendwelche *Humpty Dumptys*? Nein, ganz bestimmt nicht. Sondern? Das tun wir alle – gemeinsam.+

+ Das ist bei vielen Wörtern natürlich nicht erst vor Kurzem passiert, sondern vor einigen Zehntausenden oder sogar Hunderttausenden von Jahren. Über diese Zeiten wissen wir heute nicht viel, denn es gab noch keine Schrift und erst recht keine Tonaufnahmen.

Der Teil einer Pflanze, aus dem Samen und Früchte wachsen, wurde irgendwann einmal Blüte genannt. Und das könnte so passiert sein: Als die Menschen vor zigtausend Jahren noch gar keine richtige Sprache hatten, entdeckte jemand eine ganz besondere Blüte. Sie half vielleicht, Wunden zu heilen, oder war einfach nur besonders schön.

Dieser Mensch wollte die anderen auf diese Blüte aufmerksam machen. Deshalb zeigte er mit dem Finger auf sie und machte gleichzeitig mit seinem Mund und seiner Stimme ein Geräusch, das vielleicht so ähnlich klang wie B – L – Ü – T – E. + Die anderen haben es ihm nachgemacht.

+ Auch deine Eltern haben übrigens auf die Dinge gezeigt und dir die Wörter vorgesprochen. So hast du sprechen gelernt.

Und dann geschah etwas Überraschendes: Irgendjemand sprach die Laute B – L – Ü – T – E aus, ohne gleichzeitig mit dem Finger auf eine Blüte zu zeigen. Vielleicht war ja auch gar keine in der Nähe. Und trotzdem wussten alle sofort, worum es ging. Alle dachten bei dieser Lautkette an das Gleiche: nämlich an die Blüte.

Die Lautkette B – L – Ü – T – E hatte fortan für alle die gleiche Bedeutung. ∞ Das hatte niemand vorher geplant – es ist einfach passiert und hat dann prima funktioniert.

∞ Wer denkt sich die Wörter aus? (S. 26)

Das kannst du dir so ähnlich vorstellen wie bei einem Trampelpfad: Der wird ja auch nicht geplant. Er entsteht, wenn einzelne Personen unabhängig voneinander immer wieder eine Abkürzung nehmen. Ist der Pfad aber erst einmal da, wird er auch von Leuten benutzt, die ihn gar nicht mit ausgetreten haben. Der Trampelpfad wird immer breiter und irgendwann ein richtiger Weg.

So ist es auch mit den Wörtern. Als das Wort Blüte samt seiner Bedeutung erst einmal da war, gaben die Menschen es von Generation zu Generation weiter. + ∞ So, wie du es von deinen Eltern gelernt hast, so haben es deine Eltern von ihren Eltern gelernt und die wiederum von ihren und so weiter und so fort.

+ Vielleicht hat es sich dabei auch immer wieder ein wenig verändert.

∞ Über gemeine Kinder mit blöden Augen (S. 41)

Die Bedeutung von Wörtern legen also keine *Humpty Dumptys* fest. Das machen wir alle gemeinsam. Und ganz oft einfach dadurch, dass wir die Wörter immer wieder in denselben Situationen verwenden – also alten Wort-Trampelpfaden folgen. Oder indem wir neue Pfade anlegen: Niemand hat zum Beispiel geplant oder bestimmt, dass wir das Suchen im Internet googeln nennen.

Wir sagen ja auch dann googeln, wenn wir nicht *Google* benutzen, sondern eine ganz andere Suchmaschine.+ ∞

Einige Wörter, vor allem Fachwörter, werden aber durchaus geplant und definiert, das heißt festgelegt: Wir einigen uns also darauf, wie wir etwas benennen. Dieses Wort schreiben wir dann mit dieser festgelegten Bedeutung in ein Lexikon oder in ein Wörterbuch.∞

Vielleicht hast du gemeinsam mit Freundinnen oder Freunden auch schon mal die Bedeutung eines Wortes festgelegt. Oder ihr habt euch ganz neue Wörter ausgedacht. Verstanden habt ihr euch aber nur, wenn sich alle in der Gruppe an die gemeinsame Festlegung gehalten haben.

+ Die Firma Google war sogar dagegen, das Suchen mit anderen Suchmaschinen googeln zu nennen. Sie hat sich da fast ein wenig benommen wie *Humpty Dumpty*.

∞ Da steckt ein Mann im Saxofon (S. 68)

∞ 84 Kilogramm deutsche Wörter (S. 21)

Wer schläft schon gern in Bildern und hängt sich Betten an die Wand?

Peter Bichsel: Ein Tisch ist ein Tisch

Es war einmal ein alter, müder, grauer Mann.# Auch sein Alltag war ihm grau und langweilig geworden. Deshalb fasste er eines Tages den Entschluss, dass sich etwas ändern müsse. Da ihm aber einfach nichts Besseres einfiel, fragte er sich:

»Warum heißt das Bett nicht Bild?«

Und von diesem Moment an sagte der alte Mann nicht mehr Bett, wenn er über sein Bett sprach, sondern: Bild. Er fand seine Idee derart lustig, dass er lauthals lachte, bis er ganz müde wurde und zu sich sagte:

»Ich bin müde, ich will ins Bild.«

Vielleicht hast du dir die Frage des alten Mannes auch schon mal gestellt: Hat das Wort Bett eigentlich irgendetwas mit dem zu tun,

was wir damit bezeichnen? Und warum heißt das Möbelstück, in dem wir schlafen, in Frankreich, Spanien und Polen wieder ganz anders, nämlich lit, cama und łóżko?

An diesen vielen unterschiedlichen Wörtern für ein und dasselbe erkennen wir: Es kann kein Naturgesetz dafür verantwortlich sein, wie wir eine bestimmte Sache nennen. +

Es scheint sogar ziemlich egal zu sein, ob es nun Bett, lit, cama oder łóżko heißt. Diese Wörter funktionieren alle gleichermaßen gut, kein Wort ist besser oder schlechter als die anderen. Einen sichtbaren Zusammenhang zwischen einem dieser Wörter und dem Möbelstück zum Schlafen gibt es nicht. Oder siehst du einen?

Dir wird es vermutlich genauso gehen wie dem alten Mann: Du wirst keinen guten Grund dafür finden, warum wir im Deutschen ausgerechnet Bett dazu sagen. Auch wenn du noch so lange darüber nachdenkst.

Dabei wäre es doch ziemlich nützlich, wenn es einen Zusammenhang gäbe zwischen der Form bzw. dem Klang eines Wortes und der Sache, die wir damit meinen. + ∞ Wir müssten fremde Sprachen dann nämlich nicht erst mühsam lernen. Wäre das nicht großartig? Kein Vokabelpauken mehr, denn das Lernen ginge wie von selbst: Wir könnten ja direkt am Wort erkennen, was es bedeutet.

Unser alter, grauer und müder Mann hat also eigentlich recht: Es gibt keinen erkennbaren Grund, warum die Wörter Bett und Bild genau das bedeuten, was sie eben bedeuten. Und wenn etwas beliebig ist, dann kann es auch geändert oder vertauscht werden. Oder?

Genau das hat der alte Mann dann ja auch getan. Er wollte nämlich gar keine Antwort auf seine Frage finden, warum er zum Bett nicht Bild sagen darf. Ihn langweilte nur, dass es eben so war. Und er wollte sich einfach nicht mehr an irgendwelche Regeln halten. Nachdem er also beschlossen hatte, zum Bett Bild zu sagen, nannte er den Stuhl Wecker, und wenn er fror, dann sagte er: »Ich schaue.«

Diese Beliebigkeit der Wörter wird übrigens nicht nur durch die unterschiedlichen Sprachen deutlich. Nein, dafür genügt

+ Naturgesetze gelten unabhängig von den Menschen. Zum Beispiel das Gesetz der Schwerkraft: Alles fällt auch dann nach unten, wenn es gar keine Menschen gibt.

+ Bei einigen Wörtern ist das ja ein bisschen so: Der Kuckuck heißt so, weil sein Ruf so klingt. Und wenn wir das Wort summen aussprechen, hört es sich auch fast so an, als würden Bienen summen.

∞ Wenn Flammen flüstern und Autos schnurren (S. 15)

schon der Blick auf die deutsche Sprache: Zum Beispiel werden in manchen Dialekten die Bonbons auch Bölleli, Gutsl oder Zältli genannt. Süß sind sie alle.+

Auch Kriminelle machen es oft wie der alte Mann und vertauschen die Wörter, damit die Polizei sie nicht versteht: Sie nennen Sprengstoff dann zum Beispiel Teig. Oder ein Freund ist krank, wenn er im Gefängnis sitzt (und eigentlich überhaupt nicht krank ist).#

Ganz so einfach ist es mit der Beliebigkeit der Wörter dann aber doch nicht: Dialektwörter und Geheimsprachen funktionieren ja nur, weil mehrere Sprecherinnen und Sprecher sich verabredet haben, sie zu verwenden. Und weil sie sich an ihre Verabredung auch halten!∞

Anders als unser alter, müder, grauer Mann: Der konnte am Ende mit gar niemandem mehr sprechen. Vielleicht hat er sogar sich selbst nicht mehr verstanden.

+ Bestimmt kennst auch du Wörter, die nur dort bekannt sind, wo du wohnst. Dir sind sie sehr vertraut und du wunderst dich vielleicht manchmal, dass Leute aus einer anderen Gegend keine Ahnung haben, wovon du sprichst.

Kennst du die geheimen Wörter der »Wilden Hühner« in den Büchern von Cornelia Funke? Oder die Geheimsprache von Kalle Blomquist, dem 13-jährigen Meisterdetektiv aus den Geschichten von Astrid Lindgren?

∞ Wörter sind wie Trampelpfade (S. 29)

Zart wie ein Gaul mit zuckersüßen Trampelfüßen

In einem seiner Kinderlieder singt der Liedermacher Gerhard Schöne über ein Mädchen namens Clementin: Sie sei *zart wie'n Gaul* und habe außerdem *zuckersüße Trampelfüße*.# Da stimmt doch irgendetwas nicht: Zart passt doch gar nicht zu Gaul, und Trampelfüße verbinden wir nicht mit süß, oder?

Gerhard Schöne: Kinderlieder aus aller Welt

Bei dem Wort Gaul fallen vielen Menschen ganz andere Wörter ein: alt zum Beispiel, oder auch klapprig. Aber ganz bestimmt nicht zart. Und wenn wir jemanden einen Trampel nennen, dann ist die Person sicher schwerfällig, plump oder auch unsensibel. Aber doch nicht süß!

In dem Lied wird mit der Bedeutung von Wörtern gespielt. Schauen wir noch einmal auf das Wort Gaul. Ein Gaul ist ein Pferd. Und was ein Pferd ist, das lernen schon ganz kleine Kinder: Ein großes Säugetier, das sich vor allem von Gras ernährt und auf dem

man reiten kann. Diese Beschreibung trifft aber auch auf das Wort Gaul zu.

Beide Wörter haben dieselbe Kernbedeutung. + ∞ Und trotzdem gibt es einen wichtigen Unterschied: Gaul bedeutet zwar auch Pferd, aber es kommt eine Bewertung hinzu. Ein Pferd wird manchmal dann Gaul genannt, wenn es sich um ein altes, plumpes, zotteliges Tier handelt, das vielleicht sogar unser Mitleid verdient hätte.

+ Wenn unterschiedliche Wörter dasselbe oder fast dasselbe bedeuten, nennt man diese Wörter Synonyme.

∞ Es schmerzt das Haupt und brummt der Nischel (S. 53)

Wie wir über eine Sache reden, hängt davon ab, welche zusätzlichen Bedeutungen die Wörter haben, die wir verwenden. Bei Pferd und Gaul ist das irgendwie klar: Das Wort Pferd ist neutral, und das Wort Gaul ist eher negativ. Das ist so ähnlich wie bei gehen und latschen oder bei kindlich und kindisch. + ∞

+ Die Wörter kindlich und kindisch bedeuten, dass etwas oder jemand wie ein Kind ist. Kindisch bewertet das aber zusätzlich als negativ.

∞ Wörter mit Kleinigkeiten – oder sind es Zauberdinger? (S. 94)

Ein Problem aber ist: Vielen Wörtern sehen wir diese zusätzlichen Bedeutungen gar nicht an. Nehmen wir doch mal das Wort Schokoladenkeks. Die Kernbedeutung ist klar. Und wer sie tatsächlich nicht kennt, kann sie ja in einem Wörterbuch ∞ nachschlagen. Dort steht dann zum Beispiel:

∞ 84 Kilogramm deutsche Wörter (S. 21)

Schokoladenkeks, der = Keks mit Schokoladenglasur oder einer Füllung aus Schokolade

Diese Kernbedeutung ist für alle Sprecherinnen und Sprecher der deutschen Sprache gleich. Doch denken Menschen bei diesem Wort an verschiedene Dinge: »Mhm, lecker!« oder: »Ich müsste mal wieder welche backen.« Das denken die einen. Andere wiederum, die vielleicht allergisch auf Kakao sind und deshalb keine Schokokekse vertragen: »Vorsicht, Gefahr!«

Das, woran Menschen bei einem Wort denken, kann also sehr unterschiedlich sein. Und das steht natürlich in keinem Wörterbuch mehr. In die Köpfe der Menschen können wir aber auch nicht gucken.

Welche Vorstellung ein Wort in uns weckt, kann davon abhängen, in welchem Zusammenhang wir es erlernt haben. Für ein Kind, das in einer Familie gemeinsam mit Haustieren groß wird, sind die Wörter Hund und Katze bestimmt mit schönen Erinnerungen verknüpft. Ein anderes Kind, das vielleicht einmal von einem Hund gebissen wurde, bekommt beim Wort Hund wohl eher einen Schreck.

Sind diese Unterschiede aber überhaupt wichtig? Ja! Denn sie können die Ursache dafür sein, dass wir uns gegenseitig missverstehen oder dass wir von anderen Menschen einen falschen Eindruck bekommen.

Gibt es eigentlich für alles ein Wort?

Es war einmal eine Witwe, die hatte zwei Töchter. Eine davon war schön und fleißig, die andere hässlich und faul.

Nein, hier sollen jetzt keine Märchen erzählt werden. Du hast bestimmt auch gleich erkannt, welches es ist, oder?# Auf jeden Fall wird von einer Witwe erzählt: Wir erfahren also gleich am Anfang, dass die Mutter von Pechmarie und Goldmarie keinen Mann mehr hat. Denn das ist ja die Bedeutung des Wortes Witwe: Eine Frau, deren Ehemann gestorben ist. Und ein Witwer ist eben ein Mann, der seine Ehefrau verloren hat.

Kinder- und Hausmärchen der Brüder Grimm: Frau Holle

Wenn ein Kind beide Eltern verloren hat, wird es eine Waise genannt. Harry Potter, Mowgli aus dem Dschungelbuch und Heidi, das Mädchen aus den Bergen – sie alle sind Waisen.#

Joanne K. Rowling: Harry-Potter-Romane

Rudyard Kipling: Das Dschungelbuch

Johanna Spyri: Heidi

Ein ziemlich trauriges Thema, sicher. Aber das Wort Waise hilft uns, darüber zu sprechen, dass Kinder manchmal ohne ihre Eltern aufwachsen müssen.

Was aber, wenn es umgekehrt ist? Wenn Eltern ein Kind verlieren, zum Beispiel durch eine Krankheit oder bei einem Unfall? Gibt es in der deutschen Sprache ein Wort mit der Bedeutung: Eltern, deren Kind gestorben ist?

Dir fällt keines ein? Vielleicht ist das ja sogar gut so, denn wir lernen Wörter ja vor allem dann, wenn wir sie brauchen. Wenn wir etwas oder jemanden benennen müssen. Sogar die meisten Wörterbücher kennen kein Wort dafür. Eltern, die ein Kind verloren haben, nennen sich selbst und gegenseitig aber manchmal Sterncheneltern oder auch Sternenkindereltern.& Dahinter steckt die Vorstellung, dass ihr Kind jetzt einer der vielen Sterne am Himmel ist. Sehr traurig, aber auch irgendwie schön, oder?

& Wenn du ein Wörterbuch zur Hand hast, dann schau nach: Sternenkind, Sternchenkind, Sterncheneltern.

Gibt es vielleicht doch Lücken in unserem Wortschatz? Oder kennen wir nur nicht alle Wörter?

– Wenn du genug gegessen hast, bist du satt. Was aber bist du, wenn du genug getrunken hast?

– »Los, wir fahren Oma besuchen!« In vielen Familien folgt dann prompt die Frage: »Welche denn?« Dann hilft es, nicht nur Oma oder Opa zu sagen, sondern auch ihren Vornamen zu nennen, also Oma Reni oder Opa Heinz, oder den Ort, an dem sie wohnen, zum Beispiel Oma Berlin oder Harz-Opa. ∞

∞ Urururomas Kunkelmagen und ein Beinschneider (S. 44)

– Menschen, die nichts hören, sind taub; wer nicht sehen kann, ist blind. Wie aber ist jemand, der nicht riechen kann? Da fehlt doch tatsächlich ein Wort!
– Warum finden es Jungs manchmal komisch zu sagen: »Das ist meine Freundin«? Oder Mädchen: »Das ist mein Freund«? Ja, es kann eben schnell falsch verstanden werden, wenn die beiden kein Paar sind, sondern einfach nur befreundet.
  Im Englischen ist das einfacher, da gibt es nämlich neben dem Wort friend (für eine befreundete Person) die beiden Wörter boyfriend und girlfriend. Viel besser, oder? Da, wo es im Englischen drei Wörter gibt, haben wir im Deutschen also nur zwei. Kein Wunder, wenn es peinlich wird oder immer zu Missverständnissen kommt. &

& Sind dir auch schon Lücken im Wortschatz aufgefallen?

Überhaupt, andere Sprachen: Im Wagiman gibt es sogar ein Wort dafür, wenn jemand im Wasser watet und nur mit den Füßen etwas sucht. Es heißt: murr-ma.# + Stell Dir vor, du hast im flachen Wasser am Meer oder im Badesee deinen Fahrradschlüssel verloren. Das Wasser ist trübe und du stapfst nun langsam hin und her, mit deinen Füßen den Boden abtastend. Wenn dich dann jemand fragt, was du da eigentlich machst, könntest du ganz präzise sagen:

»Na, das siehst du doch! Ich murr-ma-e meinen Schlüssel.«

Ella Frances Sanders: Lost in Translation. Unübersetzbare Wörter aus der ganzen Welt

+ Wagiman ist eine Sprache in Australien, die nur noch von sehr wenigen Menschen gesprochen wird.

Über gemeine Kinder mit blöden Augen

Kannst du dir vorstellen, dass das Wort dumm in hundert Jahren mal still bedeuten könnte? Jemand, der zu viel Krach macht, würde dann zu hören bekommen: »Nun sei doch endlich mal dumm!«

Klar, das können wir uns nur sehr schwer vorstellen. Dumm bedeutet nun einmal, nicht klug zu sein. Und still heißt leise. Warum sollte das in hundert Jahren anders sein?

Nun, weil sich unsere Sprache verändert. Fast jeden Tag ein ganz klitzekleines bisschen. So wenig, dass wir es gar nicht merken.

Es fällt uns aber auf, wenn wir uns alte Texte anschauen. Alte Texte – das sind solche, die hundert Jahre alt sind oder auch tausend. Manche Wörter werden in diesen alten Texten sehr komisch verwendet.

Zum Beispiel das Wort gemein: Was das Wort heute bedeutet, weißt du: Jemand, der gemein ist, der verhält sich schlecht gegenüber anderen Menschen. Andere Wörter dafür sind vielleicht fies, mies oder boshaft.

In den Märchen und Sagen, die die Gebrüder Grimm vor über 200 Jahren gesammelt haben, kommt das Wörtchen gemein auch vor, zum Beispiel im Märchen »Tischlein, deck dich«. Da sagt der Sohn über den Goldesel, den er mit nach Hause bringt:

Das ist kein gemeiner Esel, sondern er kann Gold spucken.#

Kinder- und Hausmärchen der Brüder Grimm: Tischlein, deck dich

Im Märchen »Die Gänsemagd« muss eine Prinzessin mit ihrer Dienerin die Rollen tauschen und fängt deshalb an zu weinen und zu jammern:

Ich muss als Gänsemagd gemeine Dienste tun.#

Kinder- und Hausmärchen der Brüder Grimm: Die Gänsemagd

Und in einigen alten deutschen Sagen kommt es vor, dass von gemeinem Brot erzählt wird. Oder ein König verliebt sich in eine gemeine Frau.

Geht es etwa um einen fiesen Esel? Sicher nicht. Soll die Prinzessin als Magd miese Dinge tun? Kann Brot boshaft sein? Und wer verliebt sich schon in jemanden mit schlechtem Charakter?

Das Wort gemein muss in diesen Texten wohl etwas anderes bedeuten:

Der Esel ist kein gewöhnlicher Esel, denn er kann ja Gold spucken. Die Prinzessin muss alltägliche Arbeiten übernehmen, bei denen sie sich auch mal schmutzig machen kann. Das Brot, von dem die Rede ist, ist keine besondere Speise, sondern nur ein einfaches Brot. Und der König verliebt sich nicht in eine Prinzessin (wie sonst üblich), sondern in eine einfache Frau aus dem Volke. Das Wort gemein bedeutet in diesen alten Texten also einfach, gewöhnlich, alltäglich, nichts Besonderes. +

+ Diese Bedeutung von gemein ist es auch, die du in Bezeichnungen für Pflanzen und Tiere findest: Die *Gemeine Stubenfliege* kann uns zwar ganz schön *gemein* um die Ohren sausen. Aber deshalb heißt sie nicht so: Sie ist eben eine einfache Stubenfliege. Gewöhnlich sind auch die *Gemeine Fichte* und die *Gemeine Strandkrabbe*.

Wir finden noch viele weitere Wörter, die vor langer Zeit eine andere Bedeutung hatten:

Das Wort dumm zum Beispiel ist mit einem sehr alten deutschen Wort verwandt: tumb. Und tumb bedeutete taub, aber auch stumm. Das ist mehr als tausend Jahre her. Damals glaubte man von Menschen, die nicht sprechen können, dass sie auch nicht besonders klug seien. Heute wissen wir, dass das nicht stimmt. Und so bekam das Wort tumb auch die Bedeutung unseres heutigen Wortes dumm. Gleichzeitig verlor dumm aber im Laufe der Zeit die Bedeutungen taub und stumm – und bedeutet heute eigentlich nur noch nicht klug. +

+ Das ist so ähnlich wie bei dem Wort doof: Doof bedeutete vor vielen Jahren taub. Das englische Wort deaf (sprich: deff) ist mit unserem deutschen doof verwandt. Im Englischen bedeutet es heute immer noch taub.

Im Niederländischen trägt das Wort stom (das so ähnlich klingt wie unser stumm) heute die Bedeutung doof.

Witzig bedeutete früher nicht spaßig oder lustig, sondern klug und geistreich. Ein schlauer Mensch mit guten und überraschenden Einfällen wird deshalb auch heute noch als gewitzt bezeichnet.

Merkwürdig nannte man früher Menschen und Ereignisse, die es würdig waren, dass man sie sich merkt, weil sie besonders interessant oder eindrucksvoll waren. Heute sagen wir stattdessen vielleicht beachtlich oder bemerkenswert, während merkwürdig heute eher seltsam oder sonderbar bedeutet.

Ja, und Kinder, die vor vielen hundert Jahren blöde Augen hatten, die hatten einfach nur schwache Augen, also eine Sehschwäche. Sie hätten eine Brille tragen müssen. Wie du siehst: Die Überschrift des Textes ist völlig harmlos. In unser aktuelles Deutsch übersetzt, hätte es wohl heißen müssen: *Über normale Kinder mit schwachen Augen.*

Urururomas Kunkelmagen und ein Beinschneider

Manche Familien haben ein Buch, in dem steht, wer alles zur Familie gehört und von wem die Mitglieder einer Familie abstammen. In einem solchen Familien-Stammbuch steht also, wer die Vorfahren waren, wann und wo diese geboren und gestorben sind. Wir erfahren auch, wer wen geheiratet hat und wann die Hochzeit war. Manchmal sind zusätzlich Berufe und Titel verzeichnet.

Stammbücher, die besonders weit in die Vergangenheit reichen, sind richtige »Wortfriedhöfe«. Friedhöfe? Ja, denn in diesen Büchern sind viele Wörter begraben. Es gibt sie heute nicht mehr. Sie sind gestorben, wie die Vorfahren auch.

Was sind das für Wörter? Nun, zum Beispiel solche, die die Verwandtschaft ganz genau bezeichneten:

Magschaft war das Wort für die direkten Verwandten, solche, die nicht durch Heirat dazukamen. Verwandte des Vaters wurden Schwertmagen genannt, die der Mutter Kunkelmagen. Der Mutterbruder, also der Onkel, hieß Oheim oder auch Ohm, die Mutterschwester Muhme. Eidam war der Schwiegersohn und Schnur die Schwiegertochter. Ein Neffe wurde Omel genannt. Als Mündel wurde ein adoptiertes Kind bezeichnet. Eltermutter und Eltervater sind heute Oma und Opa. Cousine und Cousin wurden Base und Vetter genannt.+

Manche dieser Wörter sind dir vielleicht in Märchen begegnet. In unserer heutigen Sprache aber sind sie verschallt.+ Nur in alten Schriftstücken, Urkunden und eben in Stammbüchern fristen sie noch ein stummes Dasein.

Warum? Nun, weil diese Wörter irgendwann nicht mehr gebraucht wurden: Verwandte nach mütterlicher und väterlicher Seite ganz genau zu unterscheiden und deshalb exakt zu benennen, hatte nämlich etwas mit früher geltenden Gesetzen zu tun.

+ Die Wörter Base und Vetter gibt es heute noch in Süddeutschland und Österreich. Dort bedeuten sie nach wie vor Cousin und Cousine oder ganz allgemein Verwandte und Verwandter.

+ Verschallen ist auch ein schönes altes Wort. Heute sagen wir verklingen.

Diese regelten, welche unterschiedlichen Rechte und Pflichten die jeweilige Seite hatte.

Hin und wieder finden wir in Stammbüchern auch rätselhafte Berufsbezeichnungen. Unsere Vorfahren arbeiteten zum Beispiel als Bader, Lichtputzer, Aicher, Treidler oder Beinschneider.+ Diese Berufe sind ausgestorben und mit ihnen auch die Wörter.

Einige alte Berufe gibt es heute noch, nur haben neue Wörter die alten Berufsbezeichnungen verdrängt: Wer früher ein Kalfaktor war, ist heute ein Hilfsarbeiter, die Krämerin ist die Verkäuferin und die Putzmacherin wird Modistin genannt.+ ∞

Rätselhaft ist in manchen Stammbüchern auch die Angabe, von wann bis wann die Ururur-Magen gelebt haben. Da gibt es Vorfahren, die im Hartung (Januar), Hornung (Februar), Lenzing (März) oder Launing (April) geboren wurden. Andere wiederum starben im Brachet (Juni), Scheiding (September), Nebelung (November) oder Christmond (Dezember).

Die Monatsnamen, die wir heute gebrauchen, gehen auf lateinische Wörter zurück. Die klingen in vielen Sprachen ähnlich. Sie sind sozusagen international. Das ist vielleicht einer der Gründe dafür, dass die alten Namen verschwunden sind.

+ Knochen hießen früher Gebeine. Beinschneider haben aus Knochen, Elfenbein oder den Zähnen von Walen Buchdeckel, Kästchen, Broschen, Kämme oder Dolchgriffe geschnitten und geschnitzt.

∞ Ach wie gut, dass jeder weiß, warum ich Müller-Meier heiß (S. 70)

Ganz besonders sorgfältig geführte Stammbücher gibt es in Adelsfamilien. Die Bücher waren – und sind es noch immer – der Nachweis dafür, zu einer Familie mit adeliger und alter Tradition zu gehören.

Vor allem die Adelstitel zeugen von der Bedeutung und Wichtigkeit einer adeligen Person, zum Beispiel Seneschall, Geheimrat, Edler, Durchlaucht, Erlaucht oder Hochwohlgeborene. +

Verhallt und verschallt sind auch diese Wörter, außer in Stammbüchern und anderen alten Schriften. Und in Stein gemeißelt zeigen sie sich auch dort, wo die vielen anderen Toten ruhen: auf alten Friedhöfen.

+ Ein Seneschall verwaltete den Hof eines Fürsten oder Königs.

Was früher der Geheimrat war, ist heute der Berater eines hohen Regierungsbeamten.

Wer auf einen Edlen Herrn oder eine Edle Herrin traf, hatte es mit einem Mitglied einer sehr alten Adelsfamilie zu tun. Das Wort Adel leitet sich vom Wort edel ab.

Durchlaucht, Erlaucht und Hochwohlgeboren waren Anredeformen für Fürsten, Grafen, Freiherren und Freifrauen, Barone und Baroninnen.

Läuft! Auch ganz ohne Beine ...

W*as hat keine Beine und läuft trotzdem?* Wenn du die Antwort weißt, dann weißt du auch, was Worträtsel dieser Art ausmacht: ein Wort, das mehrere Bedeutungen hat. Das Verb laufen ist so ein Wort. Was uns meist zuerst einfällt: laufen bedeutet, sich auf Beinen fortbewegen.

Im Rätsel heißt es aber: *hat keine Beine*. Was also kann noch laufen? Das Wasser läuft aus dem Wasserhahn und eine Träne über die Wange. Wer Schnupfen hat, dem läuft die Nase. Die Zeit läuft uns manchmal davon. Nach einer Reparatur läuft der Motor wieder. Wenn du zu spät ins Kino kommst, läuft der Film schon. Zwischen zwei Leuten läuft nichts mehr, wenn sie sich nicht mehr mögen. Ist alles in Ordnung, heißt es: Läuft!

Es läuft also ganz schön viel, auch ohne Beine. Das Verb laufen ist ein richtiges Multitalent. Übertroffen wird es aber von einem Substantiv, das wir vom Verb laufen ableiten können. Es ist das Wort Läufer. ∞

∞ Wörter mit Kleinigkeiten – oder sind es Zauberdinger? (S. 94)

Ein Läufer ist nämlich:

- jemand, der joggt;
- ein Leichtathlet, der einen Laufsport betreibt;
- ein Bote, der früher zu Fuß unterwegs war, um Nachrichten zu überbringen;
- eine Aushilfskraft in Gaststätten;
- eine bestimmte Spielerposition bei einigen Ballsportarten;
- ein Ferkel, das nicht mehr von der Muttersau gesäugt wird;
- ein längerer, schmaler Teppich;
- eine Schachfigur;
- ein sich drehendes Bauteil im Fahrraddynamo;
- der obere, sich drehende Mühlstein in Getreidemühlen;
- der Ziegelstein, der mit seiner langen Seite in Mauerrichtung verbaut ist;
- ein Pflanzentrieb, der aus einer flachen Wurzel wächst.

Das sind schon mal zwölf verschiedene Bedeutungen des Wortes Läufer! Und es gibt sogar noch mehr. So verschieden sie auch sind, eine Gemeinsamkeit haben sie: Bei allen spielt die »Bewegung« oder auch der »Verlauf« eine Rolle. + ∞

+ Die Eigenschaft eines Wortes, mehrere Bedeutungen zu haben, wird Polysemie genannt. Die unterschiedlichen Bedeutungen hängen dabei irgendwie zusammen, weil sie sich mindestens ein inhaltliches Merkmal teilen.

Bei gleichnamigen Wörtern, den Homonymen, gibt es diesen inhaltlichen Zusammenhang nicht. Sie werden zwar gleich ausgesprochen oder geschrieben – aber eher zufälligerweise.

∞ Mehrtürer werden nicht geköpft (S. 50)

Mehrdeutige Wörter sind praktisch. Sie schlagen gleich mehrere Fliegen mit einer Klappe. Doch sorgen sie auch für Missverständnisse: Steht das Wort Läufer nämlich mutterseelenallein da, wissen wir nicht, welche der vielen Bedeutungen gemeint ist.

Erst, wenn es sich mit anderen Wörtern verbindet, wird es vielleicht klarer: Ein abgelatschter Läufer ist wohl eindeutig ein Teppich. Was aber ist der weiße Läufer? Eine der beiden weißen Schachfiguren? Ein weißer Teppich? Ein Sportler mit weißem Trikot?

Hier brauchen wir also noch mehr, am besten einen ganzen Satz. Darin sollten Wörter vorkommen, die die anderen Bedeutungen von Läufer ausschließen:

– Die zwei weißen Läufer stehen noch auf dem Schachbrett.

– Als Erster kam der Läufer mit der Startnummer 12 ins Ziel.

– Wir haben die Läufer aus dem Beet gerissen.

Manchmal reicht aber noch nicht einmal ein ganzer Satz, um sicher wissen zu können, worum es geht: Zum Beispiel, wenn es heißt:

– Hast du den Läufer verschoben?
Dann kann ein Maurer einen Ziegelstein meinen, daheim ist wohl eher von einem Teppich die Rede und beim Schachspiel von der Spielfigur. Du siehst: Bei dieser Frage macht erst die Situation klar und eindeutig, worum es geht.

Über mehrdeutige Wörter denkt auch der tiefbegabte Rico nach.# Er schnappt sich dann sein Tagebuch und notiert darin Wörter, die er auf keinen Fall vergessen will, zum Beispiel Sekretär:

Andreas Steinhöfel: Rico, Oskar und der Diebstahlstein

SEKRETÄR: Gibt es als Möbelstück, auf dem man selber schreiben kann, oder als Mensch, damit man nicht mehr selber schreiben muss. Außerdem heißt so ein afrikanischer Raubvogel mit einer coolen Frisur, der wie gestochen durch die Gegend rennt, um Beutetiere aufzuscheuchen. Man könnte sich also ein Foto von einem Sekretär von seinem Sekretär auf den Sekretär stellen lassen.

Mehrtürer werden nicht geköpft

Wortspiele, Worträtsel oder Wortwitze sind ein besonderes Spielzeug. Warum? Weil wir es jederzeit und überall bei uns haben:

> *Warum haben Fische Schuppen? Damit sie ihre Fahrräder unterstellen können.*

Wer allerdings keinen Spaß daran hat, über die Form und die Bedeutung von Wörtern nachzudenken, den wird auch nicht interessieren, was das Q, der Coup und die Kuh gemeinsam haben. Wenn du laut gelesen hast, ist es dir aufgefallen: Alle drei klingen gleich, nämlich K–U. Inhaltlich verbindet sie aber nichts. Solche Wörter werden gleichnamige Wörter genannt.+ ∞

Was Sprache witzig macht und zu Sprachspielen einlädt, ist der doppelte Sinn von Wörtern:

+ Für Wörter, die zufälligerweise gleich klingen oder geschrieben werden, inhaltlich aber nichts miteinander zu tun haben, gibt es den Fachbegriff Homonym (*homo* = gleich und *ónyma* = Name), sie sind also gleichnamig.

Bei einem mehrdeutigen Wort ist das anders: Polysemie liegt dann vor, wenn ein Wort mehrere Bedeutungen trägt, die aber irgendwie zusammenhängen.

∞ Läuft! Auch ganz ohne Beine ... (S. 47)

Treffen sich zwei Kerzen. Fragt die eine: »Wollen wir zusammen ausgehen?«

Doch Homonyme sind nicht nur witzig, vor allem nicht in Diktaten und Aufsätzen. Viele Wörter, die gleich klingen, werden nämlich unterschiedlich geschrieben:

- Die Esche ist ein Baum, die Äsche aber ein Fisch.
- Verse gibt es in Gedichten, eine Färse ist eine Kuh, die noch nicht gekalbt hat, die Ferse ist der hintere Teil des Fußes.

Die Bedeutungen der gleich klingenden Wörter unterscheiden sich – wie du siehst – gewaltig. Durch die Schreibung können wir sie aber gut auseinanderhalten. Rechtschreibregeln können also gerade bei Homonymen ziemlich nützlich sein.+

+ 1880 veröffentlichte Konrad Duden sein «Vollständiges Orthographisches Wörterbuch der deutschen Sprache«. Das war der Beginn einer einheitlichen deutschen Rechtschreibung, die es bis dahin in dem Umfang nicht gegeben hatte.

Andere Wörter werden gleich ausgesprochen und gleich geschrieben: Kiefer zum Beispiel, oder Tau, Reif, Kunde, Gehalt und Bund. In diesen Fällen kann die Grammatik helfen, denn Substantive haben im Deutschen stets ein grammatisches Geschlecht:

- der Tau oder das Tau,
- die Kunde oder der Kunde,
- die Leiter oder der Leiter.

Es gibt auch Wörter, die gleich geschrieben, aber unterschiedlich ausgesprochen werden und dann gleich etwas ganz anderes bedeuten:

- Das Verb **mo**dern bedeutet verrotten, mod**ern** ist ein Adjektiv und bedeutet zeitgemäß.
- Wenn wir etwas um**fah**ren, dann machen wir einen Bogen darum. Wenn wir es aber **um**fahren, dann wird es beschädigt.

Gesprochen sind solche Wörter unproblematisch. Geschrieben können sie aber leicht zu Missverständnissen führen:

- Die Montage mag ich nicht.

Das kann schriftlich zweierlei heißen: dass ich den ersten Tag der Woche nicht mag – oder dass ich es nicht mag, irgendetwas zu montieren.

Bei diesen vielen Fettnäpfchen, in die wir treten können, wird einem ganz angst und bange! Lass uns das Thema also lieber lustig beenden:

Andreas Steinhöfel: Rico, Oskar und der Diebstahlstein

& Findest du es?

Mehrtürer klingt wie Märtyrer

Immer wieder lustig sind die Geschichten von Rico.# Er notiert in seinem Tagebuch schwierige Wörter und deren Bedeutung. Bei der Erklärung, womit sich eine Sprachwissenschaftlerin beschäftigt, kommt auch ein gleichklingendes Wort vor.&

LINGUISTIN: Eine Wissenschaftlerin, die die Geheimnisse der menschlichen Sprache untersucht. Also zum Beispiel, warum manche Autos Mehrtürer genannt werden, manche Heilige aber auch, und warum es Mehrtürertod heißt, obwohl der heilige Quirinus nicht bei einem Autounfall in Rom gestorben ist, sondern dort geköpft wurde.

Es schmerzt das Haupt und brummt der Nischel

Du musst in den zehnten Stock eines Hochhauses. Wie kommst du nach oben? Mit dem Fahrstuhl? Oder nimmst du den Lift? Vielleicht doch lieber den Aufzug?

Die Frage ist dir zu blöd? Zu Recht, denn wenn du in den zehnten Stock willst, bedeuten die drei Wörter Fahrstuhl, Lift und Aufzug ja dasselbe. Die einzelnen Wörter sind austauschbar, ohne dass etwas schöner, genauer oder treffender gesagt wird. Drei verschiedene Wörter für ein und dieselbe Sache zu haben, ist in diesem Fall ohne Nutzen. Im Grunde ist es sogar pure Verschwendung, und zwar an unserem Wortgedächtnis. Schließlich müssen wir uns noch viele tausend andere Wörter merken. +

+ Ein Erwachsener gebraucht 12 000 bis 16 000 Wörter, merkt sich aber die Bedeutung von rund 50 000.

Verschwenderisch will Sprache aber nicht sein. Ganz im Gegenteil. Sie will mit kleinstem Aufwand – im Deutschen nämlich mit 30 Buchstaben oder 40 Lauten – die unendlich vielen Dinge um uns herum und in unseren Gedanken möglichst treffend bezeichnen. ∞

∞ Wie werden aus lauter Lauten lauter Wörter? (S. 12)

Mit den Wörtern Fahrstuhl, Lift und Aufzug, die in der Alltagssprache heute noch das Gleiche bedeuten, wird also etwas passieren müssen. In naher oder in ferner Zukunft (genau weiß das niemand) werden diejenigen Wörter übrig bleiben, die wir am häufigsten benutzen. Meistens sind es solche, die bequem oder auch anschaulich sind.

Das Wort Lift zum Beispiel ist sehr bequem, denn es ist kurz. Außerdem klingt es, als würde etwas nach oben flutschen. Und international ist es auch. Das Wort Aufzug ist sehr bildlich: Etwas wird aufwärts gezogen. Was ist mit dem Wort Fahrstuhl? Mal ehrlich, leicht aussprechen lässt es sich nicht. Und irgendwie stimmt auch das »Bild« nicht mehr. Oder bist du schon mal in einem Hochhaus auf einem Stuhl nach oben gefahren?

In hundert Jahren wird deshalb vielleicht niemand mehr Fahrstuhl zu dem »Ding« sagen, das uns in die zehnte Etage bringt.

Von den drei Synonymen bleiben also noch zwei übrig: Lift und Aufzug. +

+ Synonyme sind Wörter mit gleicher oder ähnlicher Bedeutung.

Das wäre dann aber immer noch ein Wort zu viel. Deshalb können sich mit der Zeit kleine Unterschiede einschleichen: Ein Lift wird vielleicht nur noch Personen befördern und ein Aufzug große Kisten oder Baumaterial.

Aufzug und Lift werden sich dann in ihrer Bedeutung ein klein wenig voneinander unterscheiden und dadurch die Dinge genauer bezeichnen. + Und damit hat die Verschwendung ein Ende!

+ Das ist im Fachwortschatz übrigens längst passiert. Dort wird noch genauer unterschieden, indem die Wörter Aufzug oder Lift mit einem Bestimmungswort verbunden werden: Personenaufzug oder Lastenaufzug. In Skigebieten werden Skifahrer von einem Skilift, Sessellift, Tellerlift, Bügellift oder Schlepplift auf den Berg befördert.

∞ Von Tischen, Beinen und Tischbeinen (S. 91)

Wenn die Sprache so sparsam und zugleich so genau sein will: Warum gibt es dann trotzdem so viele Synonyme?

- Kopf, Haupt, Schädel, Birne, Rübe und Nischel bezeichnen dasselbe.
- So ist es auch bei Brötchen, Semmel, Schrippe oder Rundstück.
- Auch der Zahnarzt, Stomatologe und Zahnklempner ist ein und dieselbe Person.
- Was ist mit Hund, Köter, Kläffer und Fußhupe?

Also doch Verschwendung?

Nein, ganz im Gegenteil. Auch bei diesen Beispielen gibt es Unterschiede. Diese Unterschiede betreffen aber nicht die Sache, die bezeichnet wird. Der Hund in der Nachbarschaft verändert sich ja

nicht dadurch, dass er einmal als Hund und einmal als Köter bezeichnet wird.

Die Unterschiede zeigen sich im Gebrauch der Wörter. Für welches Wort du dich entscheidest, hängt nämlich von mehreren Dingen ab. Von der Situation und davon, mit wem du sprichst, aber auch von deinen Erlebnissen mit Hunden. ∞

∞ Zart wie ein Gaul mit zuckersüßen Trampelfüßen (S. 35)

Zwei Wörter sind niemals vollkommen gleichbedeutend und deshalb nicht immer austauschbar. *Frau Mutter, mir schmerzt mein Haupt* ist daheim gesprochen genauso unpassend wie *Eh, Alter, mir brummt der Nischel* beim Arzt.

Rumpelstilzchen, Voldemort und der Beelzebub spielen Tabu

Das sind die Spielregeln für Tabu:

1. Mindestens zwei Teams treten gegeneinander an.
2. Abwechselnd erklärt jemand den Mitspielerinnen und Mitspielern des eigenen Teams ein Wort, das auf einer Spielkarte steht und erraten werden muss.
3. Dieses Wort und noch fünf andere auf der Spielkarte dürfen beim Erklären aber nicht genannt werden. Diese Wörter sind tabu.+
4. Gewonnen hat das Team, das in einer bestimmten Zeit die meisten Wörter richtig geraten hat.

+ Das Substantiv Tabu und das gleichlautende Adjektiv tabu bedeuten, dass sich die Menschen darüber einig sind, bestimmte Dinge nicht zu tun. Die Nachrichten auf fremden Handys zu lesen, ist zum Beispiel tabu. Ein Wort, das man nicht sagen soll, ist ein Sprachtabu.

Vielleicht hast du das Spiel schon mal gespielt. Es gibt viele verschiedene Varianten davon.

Eigentlich »spielen« wir dieses Tabu-Spiel tagtäglich: Denn es gibt eine ganze Menge Wörter, die wir besser nicht verwenden sollten: »Scheiße sagt man nicht!«, das lernen kleine Kinder sehr früh von ihren Eltern.∞ Oft halten die sich aber selbst nicht an diese Regel.

∞ »Scheiße« sagt man nicht, du Mathelehrer! (S. 62)

In der Hogwarts-Schule für Hexerei und Zauberei gibt es vor allem ein Wort, das tabu ist. Es ist der Name von *du-weißt-schon-wem*. Von dem, *dessen Name nicht genannt werden darf*: von Lord Voldemort, dem mächtigen und schrecklichen Gegner Harry Potters.# Sobald dieser Name fällt, verstummen die Gespräche und alle schauen sich ängstlich um. Aber warum? Es ist doch nur ein Wort!?

Joanne K. Rowling: Harry-Potter-Romane

Nun, einerseits ist es die Angst vor Voldemort selbst und seinen grausamen Taten, die sich mit dem Namen verbindet.∞ Und zum anderen ist es die Angst davor, dass Voldemort wie durch eine geheimnisvolle Magie angelockt wird, sobald jemand seinen Namen nennt.

∞ Zart wie ein Gaul mit zuckersüßen Trampelfüßen (S. 35)

Dieser Aberglaube an die Magie der Sprache ist sehr alt: Für die Menschen vergangener Jahrhunderte war es beispielsweise tabu, das Wort Teufel auszusprechen. Sie erfanden deshalb viele verschiedene Namen, um das Wort zu vermeiden, und nannten ihn den Leibhaftigen, Beelzebub, Satan oder den Höllenfürsten Luzifer.

Auch sie hatten Angst davor, dass der Teufel angelockt wird, wenn sein Name fällt. Vielleicht hast du das folgende Sprichwort ja schon einmal gehört:

> *Wenn man vom Teufel spricht, ist er nicht weit.*+

+ Heutzutage wird meist nur noch der erste Teil des Sprichworts verwendet, und zwar eher spaßig oder ironisch: Gemeint ist dann, dass gerade über eine Person geredet wurde, die kurz darauf unerwartet um die Ecke kommt.

Rumpelstilzchen hatte wohl keine Furcht mehr vor dem Teufel, als die schöne Königin seinen Namen endlich erriet:

> *»Das hat dir der Teufel gesagt! Das hat dir der Teufel gesagt!«, schrie er, bevor er sich selbst mitten entzweiriss.*#

Kinder- und Hausmärchen der Brüder Grimm: Rumpelstilzchen

Sein Name war nämlich von einem magischen und besonders starken Tabu belegt: Den Namen Rumpelstilzchen durfte noch nicht einmal jemand kennen. Ihn zu kennen und dann sogar auszusprechen, bedeutete für Rumpelstilzchen den Tod.

∞ Verhüllende Wörter in Hülle und Fülle (S. 59)

Über den Tod sprechen die Menschen überhaupt nicht gern, auch er ist ein Tabu. Doch so schrecklich es auch ist: Irgendwie müssen wir ja darüber reden. Dann wählen wir Ausdrücke, die zwar das Gleiche meinen, es aber nicht direkt benennen. Solche »Ersatzausdrücke« heißen Euphemismen. ∞

Tabu-Wörter und Euphemismen sind wie die zwei Seiten einer Medaille: Um ein Tabu-Wort zu vermeiden, hilft es ja nicht, über eine Sache gar nicht zu sprechen. Also suchen wir uns einen Euphemismus. So wie *Du-weißt-schon-wer* für Lord Voldemort.

Verhüllende Wörter in Hülle und Fülle

Katzen haben sieben Leben. So heißt es.+ Käpt'n Blaubär hat – wie jeder ordentliche Blaubär – sogar 27 davon!# Aber schon in seinem neunten Leben gerät er in einen fürchterlichen Wirbelsturm – und er glaubt, dass es mit ihm schon zu Ende gegangen sei:

+ Damit ist wohl vor allem gemeint, dass Katzen besonders zäh und widerstandsfähig sind. Oft überleben sie sogar Stürze aus großer Höhe.

Von der ersten Hälfte erzählt er uns in Walter Moers' Buch: Die 13 1/2 Leben des Käpt'n Blaubär

> *»… keine Ahnung, was mir den Garaus gemacht hatte, aber auf jeden Fall hatte ich das Zeitliche gesegnet. … ich war im Himmel …«*

Das Zeitliche gesegnet? Warum drückt sich Käpt'n Blaubär so verschwurbelt aus? Und wer oder was ist bitte dieses es, das mit ihm zu Ende gegangen ist? Zu welchem Ende überhaupt? Der Himmel, in dem Blaubär zu sein glaubt, kann das ja nicht sein, denn in den Himmel kann niemand gehen, nicht einmal ein Blaubär.

Käpt'n Blaubär hätte auch einfach sagen können, dass er gestorben sei. Das Verb sterben klingt aber traurig, weil es so endgültig ist und irgendwie auch kalt. Dann lieber solche Ausdrücke wie das Zeitliche segnen, von uns gehen oder einschlafen: Sie wecken die Vorstellung, dass der Gestorbene wiederkommt oder wieder aufwacht.

Über traurige Dinge zu sprechen, ist nicht angenehm und oft auch schwer. Deshalb greifen wir gern zu verhüllenden und beschönigenden Umschreibungen.+ Diese machen alles ein bisschen milder, lassen es weniger schrecklich erscheinen und trösten uns sogar.

+ Solche Hüllwörter werden Euphemismus genannt. Das Wort kommt aus der griechischen Sprache und bedeutet übersetzt so viel wie gut reden oder Unangenehmes mit angenehmen Worten sagen.

Verhüllende Wörter gibt es aber auch für all die Peinlichkeiten, die mit unserem Körper oder mit seinen Ausscheidungen zu tun haben. Wundere dich also nicht, wenn du in einer Arztpraxis gebeten wirst, eine Stuhlprobe abzugeben. Eine Stuhlprobe?

Nein, nicht dein Schreibtischstuhl ist gemeint! Was du tun sollst, ist zwar einfach, aber kaum jemand traut sich, das auch so

zu sagen: Schaufle ein bisschen von deinem Kot in ein Röhrchen und bring ihn mit. Im Labor kann dein Stuhl dann auf Krankheitserreger untersucht werden. +

+ Stuhl war vor über 500 Jahren ein Hüllwort für den Klositz. Die Leute sind also zum Stuhl gegangen. Heute ist Stuhl nicht mehr das Klo, sondern nur noch das Ergebnis eines erfolgreichen Stuhlgangs.

Den Abzählreim *Eine kleine Dickmadam fuhr mal mit der Eisenbahn* kennst du vielleicht. Eine Frau, die dick oder sogar fett ist, sollten wir aber lieber nicht Dickmadam nennen. Sie wäre sicher gekränkt. Weniger verletzend ist es, wenn wir das Dickerchen schonen und sagen, es sei stattlich, gut gepolstert, mollig oder vollschlank.

Vollschlank? Müsste das nicht eigentlich bedeuten, dass jemand sehr schlank ist? Nun ja, logisch sind Euphemismen nicht! Aber wirkungsvoll, denn was im Gedächtnis bleibt, ist ja das Wort schlank.

Beschönigende Hüllwörter gibt es ziemlich viele: Uropa zum Beispiel ist nicht etwa ein alter Mann, sondern ein älterer Herr. Und er wohnt natürlich nicht in einem Altenheim, sondern in einer Seniorenresidenz. Das macht ja auch viel mehr her, denn eine Residenz ist schließlich der Wohnsitz bedeutender Leute, die nicht nur einfach so wohnen, sondern die residieren.

Hüllwörter können aber auch richtig gefährlich sein. Nämlich dann, wenn solch ein Wort in uns eine falsche Vorstellung erweckt und wir uns dadurch täuschen lassen. Wird eine Preiserhöhung als Preisanpassung bezeichnet, dann wird eigentlich verschwiegen, dass etwas teurer wird. & Das ist Schummelei. Übrigens: Schummelei klingt auch nicht so schlimm wie Lüge, oder?

Noch schlimmer ist es, wenn Wörter extra erfunden werden, um uns zu belügen. Zum Beispiel wird von Minuswachstum gesprochen, wenn eine Firma weniger Produkte herstellt als zuvor. Bist du schon mal gewachsen und dabei kleiner geworden? In der Werbung und in der Politik gibt es solche verhüllenden Wörter leider in Hülle und Fülle.

& Manchmal wird es im Supermarkt auch billiger. Meinst du, dass dann auch mit einer Preisanpassung geworben wird?

»Scheiße« sagt man nicht, du Mathelehrer!

Wer kennt diese Nörgelei von Erwachsenen nicht? Ständig dieses: »Sag dies nicht, sag das nicht! Sprich ordentlich! Scheiße sagt man nicht!«

Ja, aber wozu gibt es denn dann dieses verkackte Scheißwort überhaupt? Babys und Kleinkinder werden es sich ja nicht ausgedacht haben. Das müssen ja wohl die Erwachsenen selbst gewesen sein. +

+ Erwachsene scheinen einen ziemlichen Spaß an solchen »verbotenen« Wörtern zu haben: Es gibt sogar jede Menge Ausmalbücher (ja, für Erwachsene!), in denen sie Schimpfwörter und Beleidigungen ausmalen dürfen. Verrückt, oder?

Also, wozu? Nun, manchmal muss es eben einfach raus! Wenn wir genervt sind und uns etwas so richtig ärgert: Dann hilft es uns, diesen Druck abzulassen. Wir könnten in ein Kissen boxen. Schneller geht es aber, indem wir ein Schimpfwort benutzen.

Es gibt ja genug davon, in manchen Schimpfwörterbüchern über 10 000! Das sind so viele, weil es mit dem Schimpfen ist wie mit dem Popeln: Alle machen's, aber selten in der Öffentlichkeit.

Welche Wörter eignen sich zum Schimpfen? Menschliche Ausscheidungen sind schon ziemlich lange sehr beliebt: Ein fast 200 Jahre altes Schimpfwörterbuch nennt zum Beispiel folgende

Wörter, und einige davon sind ziemlich eklig: Pißbeschauer, Pißbeseher, Scheißenfresser, Scheißenschlucker, Scheißmatz.#

Das Wort Arsch kommt natürlich auch vor, und noch zehn Zusammensetzungen damit.∞ Einige werden heute immer noch verwendet, zum Beispiel Arschgesicht. Andere – wie der Arschmonarch – sind mittlerweile ausgestorben.∞

All diese Wörter mit Piss-, Scheiß- und Arsch- eignen sich deshalb prima zum Schimpfen, weil sie eigentlich tabu sind. Über Dinge, die als stinkende Verdauungsreste unseren Körper verlassen, reden wir einfach nicht gern.∞ Alles, was tabu ist, kann aber gerade deshalb besonders reizvoll sein ...

Schimpfen können wir über viele Dinge: Scheißhausaufgaben gehören genauso dazu wie Kackwetter. Das ist nicht gerade fein, tut aber weder den Hausaufgaben noch dem Wetter weh. Etwas anderes ist es, wenn wir andere Menschen beschimpfen und damit beleidigen wollen.

Dann kommen oft Tiere ins Spiel: Wir nennen andere Schwein, Gans, Ochse oder Kuh, Zicke, Hund, Schaf, Esel oder Pute, unterschiedlich kombiniert mit negativen Adjektiven wie dumm, fett, blöd, dreckig, falsch oder störrisch. Das ist ziemlich verletzend. Wörter können richtig wehtun.+

Deutsches Schimpfwörterbuch (1839). Dem fleißigen Sammler war es wohl peinlich, denn dort, wo auf dem Buchtitel eigentlich sein Name stehen sollte, ist nur zu lesen: »Von Mir. Selbst.«

∞ Von Tischen, Beinen und Tischbeinen (S. 91)

∞ Urururomas Kunkelmagen und ein Beinschneider (S. 44)

∞ Verhüllende Wörter in Hülle und Fülle (S. 59)

+ Schweine sind übrigens gar nicht dumm, sondern sogar vergleichsweise intelligente Tiere.

Nicht zu vergessen übrigens: der Schweinehund. Der taugt einerseits zum Beschimpfen anderer Leute. Andererseits schieben wir es gern auf unseren inneren Schweinehund, wenn wir uns einfach nicht aufraffen können (also: wenn wir den Arsch nicht hochkriegen).

Schimpfwörter müssen aber nicht immer primitiv und beleidigend sein. Im Film »Hook«, der die Geschichte von Peter Pan weitererzählt, versuchen Peter und Rufio, sich gegenseitig mit kreativen Beschimpfungen zu übertreffen: #

James M. Barrie: Peter Pan; Hook, Film von Steven Spielberg (1992)

Rufio: »Pickeltriefendes, Schweinefurz schnüffelndes Blubbermaul!«
Peter: »Jemand hat hier ein ziemliches Kackamundwerk und zwar du!«
Rufio: »Du Furzfließbandfabrik, schneckenschleimiger Sack voll Rattenkotze und Katzendärme. Käsiges altes, schuppenflechtiges pickelquetschendes Fingerpflaster. Zwei Wochen alter Madenburger mit allem drum und dran und Filzläusen extra!«
Peter: »Aushilfs-Chemiereferendar!«
Rufio: »Wanzenhals!«
Peter: »Mathelehrer!«

Mathelehrer? Das ist doch kein Schimpfwort, oder? Mhm, möglicherweise hängt das ja davon ab, was Peter mit dem Wort Mathelehrer verbindet. ∞

∞ Zart wie ein Gaul mit zuckersüßen Trampelfüßen (S. 35)

Vielleicht war sein Mathelehrer ja ein pingeliger, lahmarschiger und furztrockener Heini. Und Peter denkt, dass alle Mathelehrer so sind. Dann würde er all diese unschönen Eigenschaften auf Rufio übertragen. Das Wort Mathelehrer hätte Peter dann wohl als Schimpfwort benutzt.

Ob alle Wörter als Schimpfwort funktionieren?

Was is'n das für'n Saustall hier?

Das kennst du, oder? Manche Eltern übertreiben ganz schön, wenn sie meinen, dass wieder mal aufgeräumt werden müsste. Du bist doch keine Sau, und ein Stall ist dein Zimmer ja nun auch nicht! ∞

∞ »Scheiße« sagt man nicht, du Mathelehrer! (S. 62)

Aber vielleicht leben wir Menschen ja in einem Zoo, in einem der ganz besonderen Art? Auf diese Idee könnte kommen, wer den Leuten beim Reden mal genau zuhört:

Gibt es doch unter uns Schmutzfinken, Spaß- oder auch Pechvögel, Unglücksraben, Angsthasen, Nachteulen, Mathefüchse, Leseratten und Naschkatzen. Wir können mucksmäuschenstill, zickig, lammfromm oder auch mal hundsgemein sein. Einige haben einen Pferdeschwanz und Rehaugen. Hin und wieder haben wir einen Ohrwurm oder Bock auf Kino, und nach dem Kino einen Bärenhunger. Wir büffeln Vokabeln oder schlängeln uns einfach so durch, wir aalen uns in der Sonne oder mopsen mal einen Drops. Hin und wieder wurmt uns etwas und dann igeln wir uns ein.

Wir machen aus einer Mücke einen Elefanten oder spielen mit jemandem Katz und Maus, machen uns zum Affen oder jemanden zur Schnecke. Und bei all dem fühlen wir uns pudelwohl oder hundeelend, finden es affengeil oder auch pfui Spinne!

In all diesen Beispielen stecken die Namen von Tieren. Dabei ist aber gar nicht von Tieren die Rede: Es geht um Menschen und um Dinge. Es geht darum, was sie tun oder wie sie sind.

Nennen wir zum Beispiel jemanden eine Nachteule, dann wird das Verhalten von Eulen – nachts munter zu sein und tagsüber zu schlafen – auf diesen Menschen übertragen: Egal, ob dieser Mensch dann oft bis tief in die Nacht hinein arbeitet oder auch feiert oder einfach nur gern bis zum Morgengrauen Videos schaut – tagsüber fallen ihm die Augen zu. Wie den Eulen eben.

Es wäre ziemlich umständlich und irgendwie auch langweilig, wenn wir dann immer sagen müssten:

Na, du bist ja ein Mensch, der bis spät in die Nacht hinein aufbleibt und dann tagsüber immer müde ist.

Ein einziges Wort meint haargenau das Gleiche und drückt es kurz, bildlich und irgendwie auch viel lustiger aus:

Na, du Nachteule!

Einen solchen kurzen und bildhaften Vergleich, bei dem das Vergleichswörtchen **wie** fehlt, nennen wir Metapher.+ Wir sagen ja nicht: *Na, du bist ja **wie** eine Nachteule!*, sondern: *Na, du Nachteule!* Obwohl er oder sie ja selbstverständlich nicht wirklich eine Eule ist.

Unsere Beispiele sind Tiermetaphern. Sie kommen in ganz unterschiedlichen Wortarten vor: Substantive sind darunter (Faultier), Adjektive (wieselflink) und Verben (mausen).

Wir verwenden Tiernamen auch in vielen Redewendungen (mit einem Affenzahn) oder Sprichwörtern (Wenn die Katze aus dem Haus ist, tanzen die Mäuse auf dem Tisch).

+ Das altgriechische Wort metaphorá bedeutet Übertragung: Ein Wort oder eine Wortgruppe wird aus dem eigentlichen Zusammenhang in einen anderen übertragen. Daher sagen wir auch, dass wir etwas im übertragenen Sinne meinen. Dabei ist übertragen auch schon wieder metaphorisch: Wir »tragen« die Wörter ja nicht wirklich von einem Zusammenhang in den anderen.

Tiermetaphern gibt es für fast jede Situation. Ganz besonders oft dann, wenn geschimpft wird. (Du weißt schon: *Was is'n das für'n Saustall hier?*)

Dass es so viele Tiermetaphern gibt, liegt wohl daran, dass Mensch und Tier eine ganz besondere Beziehung zueinander haben. Schon seit Urzeiten leben wir nicht nur nebeneinander, sondern – gerade mit unseren Haustieren – oft sogar gemeinsam unter einem Dach. Das erklärt auch, warum in so vielen Kinderbüchern, in Märchen und in Fabeln Tiere auftreten, die fühlen, denken und handeln wie wir Menschen.

Manche Tiere sind sogar zum Sinnbild für menschliche Eigenschaften geworden. Besonders viele davon finden sich in der Geschichte vom »Reineke Fuchs«. Diese Geschichte ist ein richtiger Krimi! Wegen seiner zahlreichen Übeltaten steht der Fuchs vor Gericht. Ob er es schafft, mit List, Lügen und Bosheiten seinen Kopf aus der Schlinge zu ziehen?#

Johann Wolfgang von Goethe hat die Geschichte 1794 in Versform gebracht, Franz Fühmann (1961) und Janosch (1962) haben sie für Jüngere neu erzählt.

Da steckt ein Mann im Saxofon

Viele Wörter sind voll von Geschichte und Geschichten, auch wenn es ihnen nicht immer sofort anzusehen ist:

- Als Kolumbus vor mehr als 500 Jahren nach langer Seefahrt unbekanntes Land betrat, glaubte er, das sei Indien. Ein anderer Seefahrer, der Kaufmann und Forscher Amerigo Vespucci, war hingegen als erster Europäer fest davon überzeugt: Das ist nicht Indien. Das ist ein neuer Kontinent, den niemand in Europa kennt. Der Zeichner der ersten Weltkarte, die diesen Kontinent zeigte, nannte diesen dann nach Amerigo Vespucci: Amerika.

- Vor etwa 100 Jahren schlossen sich zwei Automobilwerke zusammen, das von Carl Benz und das von Gottlieb Daimler. Die Autos, die dort gebaut wurden, hießen Daimler-Benz. Ein Händler, der diese Autos verkaufen sollte, fand diesen Namen nicht besonders schön. Er schlug vor, die Automarke nach seiner Tochter, Mercédès, zu benennen. Seitdem heißen die Autos Mercedes-Benz.

– Vor etwa 200 Jahren lebte in Belgien der Tüftler, Musiker und Instrumentenbauer Antoine Joseph Sax. Er hatte ein neues Blasinstrument gebaut, für das es noch keine Bezeichnung gab. Es wurde nach ihm benannt: Saxofon.

Es steckt also tatsächlich ein Mann im Saxofon, na ja, zumindest sein Name. Namen verbergen sich in erstaunlich vielen Wörtern.+ Personennamen kommen besonders oft vor. Wird Neues erfunden, gebaut oder entdeckt, machen wir es so wie beim Saxofon: Wir verwenden einfach den Namen der Person, zum Beispiel im Wort für eine Maschine (Dieselmotor), ein besonders imposantes Bauwerk (Eiffelturm) oder für ein Verfahren, um Körper zu durchleuchten (Röntgen).

Andere Wörter verraten uns etwas über die Herkunft oder den Ursprung dessen, was bezeichnet wird. Sie enthalten geografische Namen oder gehen auf diese zurück. Was meinst du, woher die Käsesorten Gorgonzola, Tilsiter oder Gouda stammen? Oder die Hunderassen Labrador, Münsterländer und Yorkshire Terrier?

Auch die Namen von Firmen oder von Produkten können zu einem Wort werden, das sich von seiner ursprünglichen Bedeutung oder Verwendung löst: Egal, ob wir die Suchmaschinen *Google*, *Bing* oder *Yahoo* benutzen: Das Suchen im Internet nennen wir googeln.

Wie du siehst, sind Namen bestens geeignet, um wieder neue Bezeichnungen und Sammelbegriffe zu erschaffen. Zu solchen Sammelbegriffen wurden auch die Namen von Struwwelpeter, Suppenkaspar und Zappelphilipp, drei Jungs aus einem alten Kinderbuch.# Struwwelpeter werden seitdem Leute genannt, die ungekämmt aussehen, Suppenkaspar solche, die beim Essen mäkeln, und als Zappelphilipp bezeichnen wir Menschen, die einfach nicht still sitzen können.

Muss man das eigentlich alles wissen? Keine Panik! Einen Namen in solchen Wörtern wie Bernhardiner, Zeppelin oder Sandwich zu erkennen und zu wissen, wer oder was dahintersteckt, ist nicht immer wichtig.& Es genügt zu wissen, was die Wörter bedeuten. Aber interessant ist das, was dahintersteckt, allemal.

+ Wörter, die Namen enthalten, werden Eponyme genannt.

Heinrich Hoffmann: Der Struwwelpeter

& Einige Namen wirst du in den markierten Wörtern erkannt haben. Für alle anderen findest du Erklärungen in einem Herkunftswörterbuch (auch etymologisches Wörterbuch genannt).

Ach wie gut, dass jeder weiß, warum ich Müller-Meier heiß

Heutzutage ist es selbstverständlich, dass wir alle einen Vornamen und einen Familiennamen haben. Selbstverständlich ist das aber erst seit etwa 600 Jahren. Vorher wurden die einfachen Bauern – und das waren die meisten Leute – mit ihrem Vornamen gerufen. Deshalb sagen wir zu Vornamen auch heute noch Rufnamen.

Als es aber schwierig wurde, die vielen Annen und Johanne auseinanderzuhalten, wurden die Beinamen üblich. So gab es vielleicht eine Anna die Zänkische und eine Anna vom Walde, einen Johann den Einäugigen und einen Johann den Lügner. Und schon war klar, wer gemeint war.

In solchen Beinamen steckten die unverwechselbaren Merkmale einer Person. Eines davon war ihr Beruf. So gab es auch eine Anna die Amme und einen Johann den Müller. Aus einigen dieser Beinamen wurden später so manche Familiennamen.

In Deutschland gibt es heute ungefähr 860 000 Familiennamen. Die häufigsten sind solche, die einen Beruf bezeichnen. Dazu gehören:

Müller, Schmidt, Schneider, Fischer, Meyer, Weber, Schulz, Schuster oder Schuhmacher, Wagner, Becker, Hoffmann, Schäfer, Koch, Bauer, Krämer, Schröder, Richter, Fleischer, Zimmermann, Köhler, Pfeifer, Jäger. +

\+ Von manchen Namen gibt es gleich mehrere Varianten: *Schmitt*, *Schmidt*, *Schmitz* oder eben *Schmied*. *Müller* kommt als *Mueller* oder *Möller* vor. Auch gibt es *Maier*, *Meier*, *Mayer* oder *Meyer*. Diese Unterschiede haben etwas mit den Dialekten zu tun.

Müller und Schmiede gab es in jedem größeren Dorf. Das waren sehr geachtete Leute, denn sie stellten Dinge her, die für das Leben der Menschen sehr wichtig waren: Mehl und Öl oder Werkzeuge und Hufeisen.

Müller und Schmiede gab es nicht nur sehr viele, sondern auch sehr viele unterschiedliche: Da waren der Gold-, Eisen- oder Kup-

ferschmied oder auch der Kessel-, Hammer- oder Hufschmied. Es gab den Kornmüller, den Holzmüller, den Ölmüller, den Sägemüller und auch den Steinmüller. All diese damaligen Berufe findest du – manchmal etwas abgewandelt – in heutigen Familiennamen wieder.

Vielen Namen können wir die Berufsbezeichnung heute nicht mehr ansehen. Das kann daran liegen, dass manche Berufe mit der Zeit nicht mehr gebraucht wurden. Sie starben gewissermaßen aus. ∞ Die alten Berufsbezeichnungen sind aber in der Gestalt von Familiennamen geblieben:

∞ Urururomas Kunkelmagen und ein Beinschneider (S. 44)

Krüger zum Beispiel stellten Tonkrüge her. Hofmeister führten an einem Adelshof den Haushalt. Wagner bauten und reparierten hölzerne Pferdewagen. Krämer waren die Besitzer eines Ladens mit allerlei Waren. Und hinter dem Namen Schröder verbirgt sich das niederdeutsche Wort schrôden, was so viel heißt wie schneiden. Ein Schröder war also ein Schneider. Die Pfeifer waren Musikanten, die mit ihren Flöten von Ort zu Ort zogen.

Würden wir die Menschen auch heute noch nach ihren Berufen benennen, gäbe es vielleicht solche Namen wie Anna Laborantin oder Simon Krankenpfleger. Menschen mit solchen Berufen gibt es allerdings Millionen. Berufsbezeichnungen und Tätigkeiten eignen sich daher längst nicht mehr, den Menschen einen eigenen Namen und damit eine Identität zu geben.

Im wirklichen Leben funktioniert das also nicht mehr. Aber in Geschichten, Erzählungen oder Romanen gibt es das noch, sogar ziemlich oft. Die Autorinnen und Autoren denken sich Namen aus, die auf die Merkmale ihrer Figuren hinweisen, unter anderem auch auf das, was sie tun: Du kennst vielleicht Lukas, den Lokomotivführer #, oder die Reporterin Karla Kolumna.+ # Und in der Geschichte »Kalim Baba und die Wörterlampe« gibt es eine Madamm Wellkamm, die so heißt,

> *weil sie einen großen Kamm aus Pfefferminz, Gold und Muscheln besaß, mit dem sie wilde Meereswellen in ihr weißes Haar kämmen konnte.* #

Michael Ende: Jim Knopf und Lukas der Lokomotivführer

+ Eine Kolumne bezeichnet die einzelne Spalte in der Zeitung.

Karla Kolumna ist die rasende Reporterin aus den Hörspielen und Büchern zu Bibi Blocksberg von Elfie Donnelly.

Andrea Karime, Annette von Bodecker-Büttner: Kalim Baba und die Wörterlampe

Wie geht es eigentlich den Leuten in Kotzendorf?

Dagobert Duck und Daniel Düsentrieb wohnen in Entenhausen. Wo auch sonst, schließlich sind die beiden ja Enten. In den Comics leben auch noch andere tierähnliche Wesen. Welche es sind, verraten solche Ortsnamen wie Gansbach, Quakenbrück und Hundhausen.+

Dass Ortsnamen uns etwas über die Besonderheiten eines Ortes erzählen, gibt es aber nicht nur in Comics: Zum Beispiel sind Finsterwalde, Neukirchen, Waldburg, Eisenhüttenstadt, Fischbach oder Fünfseen ziemlich »geschwätzige« Namen. Kaum haben wir sie gehört oder gelesen, wissen wir etwas über die Orte. Solche Namen werden deshalb auch sprechende Namen genannt.

Was verraten uns aber solche seltsamen und manchmal auch komischen Ortsnamen wie Oberhäslich, Gammelshausen und Kotzendorf? Plagt die Bewohner von Kotzendorf immerzu ein Brechreiz? Wohl kaum.

Was wirklich in diesem Namen steckt, kann uns die Namenforschung erklären.+ Es ist ein Wort, das wir heute so nicht mehr benutzen. Im Mittelalter, also ungefähr in der Zeit zwischen 1050 und 1350, war Kotze nämlich das Wort für einen dicken Wollstoff. Da Wollstoffe besonders gut wärmen, wurden sie für Decken oder Umhänge verwendet.

In Kotzendorf wurden also Wollstoffe hergestellt. Das Wort koc (ausgesprochen kotz) wanderte übrigens vor etwa 500 Jahren ins Polnische ein, wo es bis heute Wolldecke bedeutet.

Ortsnamen können uns also auch ganz schön in die Irre führen. Manche Wörter kennen wir gar nicht mehr oder sie haben ihre Bedeutungen verändert.∞ Mitunter stammen die Wörter auch aus einer anderen Sprache.∞

Das ist zum Beispiel bei Berlin so. Viele Menschen denken, dass der Name etwas mit Bären zu tun hat. Bär und Berlin – das

+ Erika Fuchs hat die Donald-Duck-Comics aus dem Amerikanischen ins Deutsche übersetzt und dabei aus Duckburg Entenhausen gemacht. Übrigens gibt es die Orte Gansbach, Quakenbrück und Hundhausen wirklich.

+ Die Namenforschung wird auch Onomastik genannt. Sie untersucht die Herkunft, Bedeutung und Verbreitung von Namen für Personen, Orte, Landschaften, Berge, Flüsse, Objekte, Waren oder Ereignisse.

+ Das gilt übrigens auch für Kotzenbüll, Kotzenbach, Kotzenberg, Kotzenmühle, Kotzensee, Kotzensteg oder Kotzenstein.

∞ Über gemeine Kinder mit blöden Augen (S. 41)

∞ Wörter auf Wanderschaft (S. 82)

klingt ja auch ähnlich. Außerdem ist im Berliner Stadtwappen ein Bär zu sehen. Der Name kommt aber aus dem Polabischen.+ In dieser Sprache hieß es früher brlin, was so viel bedeutete wie trockenes Land im Sumpf.

Bei einer Reise durch Deutschland kommen wir durch Gegenden, in denen Ortsnamen häufig dieselbe Endung haben. Das sind zum Beispiel -rode, -roda im Harz oder in Thüringen, -reuth in Franken oder -rath im Rheinland. Alle diese Endungen bedeuten dasselbe, nämlich roden. Sie teilen uns mit, dass die ersten Siedlungen von Wernigerode, Friedrichroda, Bayreuth oder Benrath auf gerodeten, also abgeholzten Waldflächen entstanden.+ ∞

Orte wie Frankfurt, Klagenfurt, Erfurt oder Schweinfurt lagen hingegen an einer Furt. Eine Furt ist eine flache Stelle in einem Fluss, an der Viehherden und Pferdewagen sicher auf die andere Seite gelangten, bevor die ersten Brücken gebaut wurden.

+ Polabisch war die Sprache der Slawen, die ab dem 7. Jahrhundert in Gebieten des heutigen Nordostdeutschlands und Nordwestpolens siedelten.

+ Endungen werden auch Suffixe genannt.

∞ Wörter mit Kleinigkeiten – oder sind es Zauberdinger? (S. 94)

Wirkliche Ortsnamen erzählen aus unserer Geschichte. Die Namen erfundener Orte hingegen erzählen ganze Geschichten:

- Das Lummerland ist *ungefähr doppelt so groß wie unsere Wohnung* und seine Bewohner sind glücklich. Wer denkt da nicht an Schlummerland? Allerdings gibt es auch die Drachenstadt Kummerland, wo der Drache Frau Mahlzahn Kinder gefangen hält.#
- Die Insel, die Peter Pan mit den elternlosen Kindern bewohnt, heißt Nimmerland, das es nimmer, also niemals, gibt.#
- Phantasien ist das Land der Felsenbeißer, Nachtalben, Winzlinge, Irrlichter, Hexen, Vampire und Gespenster. Da gibt es Orte wie Spukstadt oder die Stadt der Nichtssagenden.#
- Und in der Geschichte vom Armen Ritter haust der gefürchtete Drache im Wald Jetieferjeschwärzer.#

Michael Ende: Jim Knopf und Lukas der Lokomotivführer; Jim Knopf und die Wilde 13

James M. Barrie: Peter Pan

Michael Ende: Die unendliche Geschichte

Peter Hacks: Armer Ritter

Und wie heißt der Ort, wo du wohnst?

Tom Riddle trifft Ojahnn Golgo van Fontheweg

Du brauchst jetzt sechs kleine Zettel, einen Stift und das Wort

SIRENE.

Schreibe jeden einzelnen Buchstaben des Wortes auf jeweils einen Zettel. Nun verschiebe die Reihenfolge der Zettel so oft, bis du acht weitere sinnvolle Wörter gelegt hast. Am besten, du schreibst sie dir irgendwo auf. &

& SERIEN
SEINER
RIESEN
REISEN
REINES
NIESER
EISERN
EINSER

Geschafft? Sehr gut. Dann lies jetzt weiter:

Die Wörter, die du durch das Verschieben der Buchstaben neu gelegt hast, werden Anagramme genannt. Auf diese Weise kann zum Beispiel das Wort HELFER zum Wort FEHLER werden, oder der SALAT zu ATLAS.

Wörter wie NOT, TOR, NUT, RENNEN oder HERD sind sogar ganz besondere Beispiele. Schreibe sie einfach mal rückwärts auf. Und, was stellst du fest? ∞

∞ Vorwärts und rückwärts aus Not und Gefahr (S. 79)

Bei solchen Buchstabenspielen kann es schon mal passieren, dass jemand die Lieblingsserie im Fernsehen verpasst. Sie sind aber nicht nur ein spaßiger Zeitvertreib. Auch für andere Zwecke kann es nützlich sein, neue Wörter aus den Buchstaben eines anderen zu bilden.

Wenn Künstlerinnen und Künstler zum Beispiel ihren richtigen Namen nicht verraten wollen, verwenden sie manchmal einen Decknamen. Der Dichter Paul CELAN hieß eigentlich Paul ANCEL. Der Maler Lyonel FEININGER signierte einige seiner Bilder mit dem Namen EINFINGER. +

\+ Das griechische Wort für einen solchen Deck- oder Künstlernamen kennst du sicher schon: Pseudonym. Übersetzt heißt das mit falschem Namen.

Die Autorin Joanne K. Rowling veröffentlichte ihre Harry-Potter-Bücher unter ihrem richtigen Namen. Sie nutzte aber die Buchstabenumstellung, um einen der wichtigsten Decknamen in ihren Romanen zu bilden.

Im zweiten Harry-Potter-Buch verrät Tom Riddle nämlich zum ersten Mal, dass er LORD VOLDEMORT ist. Dazu benutzte er ein Anagramm: Er stellt die Buchstaben seines vollen Namens um. Aus

TOM VORLOST RIDDLE

wurde

IST LORD VOLDEMORT. #

Joanne K. Rowling: Harry Potter und die Kammer des Schreckens

In dem Buch von Walter Moers »Das Labyrinth der Träumenden Bücher« finden wir auch viele Anagramme, in denen Namen prominenter Leute stecken. # Dass sich hinter Ojahnn Golgo van Fontheweg der Dichter Johann Wolfgang von Goethe versteckt, ist vielleicht gar nicht so schwer zu erkennen. Aber wer sind Evubeth van Goldwein, Evadeweld von Worthgeiler, Elwis Lorracl und Helmub Wischl? &

Walter Moers: Das Labyrinth der Träumenden Bücher

& Ludwig van Beethoven
Walther von der Vogelweide
Lewis Carroll
Wilhelm Busch

In der Literatur finden wir viele Fantasiewörter. Richtige Anagramme sind das aber nicht.

Die schlaflose Prinzessin Dylia # zum Beispiel hat einen wirklich guten Grund, weshalb sie solche Fantasiewörter bildet: Sie möchte Wörtern den Schrecken nehmen. Das macht sie, indem sie

Walter Moers: Prinzessin Insomnia & der alptraumfarbene Nachtmahr

bei Wörtern, die ihr Angst machen, einfach die Buchstaben umstellt.+ ∞ Die Wörter sind danach nur noch lustig oder albern oder einfach nur total seltsam:

+ Es gibt übrigens noch eine andere Strategie, um mit Wörtern klarzukommen, die Angst machen oder irgendwie unangenehm sind:

∞ Verhüllende Wörter in Hülle und Fülle (S. 59)

> *Bei ihr heißen Kopfschmerzen Schmopfkerzen und eine Magenverstimmung hieß Stagenvermimmung. Ihre Krankheit nannte sie eine Kreithank und Bluthochdruck Druthochbluck. […]. Aus einem lebensbedrohlichen Herzinfarkt machte sie so im Nu einen lustigen Ferzinharkt und aus einem Schlaganfall einen absurden Flaganschall. Aus einem schmerzhaften Bandscheibenvorfall wurde ein Schanbeibenrollfav, aus Blutzucker Zutblucker und aus Brechdurchfall Frechdurchball.*

Das aber genügt Prinzessin Dylia nicht: Sie wünscht sich, dass ihr Trick im ganzen Königreich zum Unterrichtsfach wird. Sie hat auch schon einen beeindruckenden Namen für dieses Fach: *Ridikülisierendes Anagrammieren.*+

+ Was *Anagrammieren* bedeutet, weißt du jetzt. Und *ridikül* ist ein altes französisches Lehnwort für lächerlich.

Vorwärts und rückwärts aus Not und Gefahr

Wer hilft vor- und rückwärts aus Not und Gefahr?

So lautet eine beliebte Frage in Kreuzworträtseln. Na, weißt du es? Aus Not und Gefahr hilft natürlich: ein RETTER. Lies das Wort mal rückwärts: RETTER bleibt RETTER.

Lass uns weiter rätseln:

Für seitlich, auch direkt bei dir,
steht ein Wort, das nenne mir.
du kannst es drehen, spiegeln, schreiben,
es wird das gleiche Wort stets bleiben.

Und? Gesucht wird das Wort NEBEN. Auch das kannst du vorwärts und rückwärts lesen, ohne dass sich an dem Wort etwas ändert. Und so ist es auch bei den Vornamen ANNA, OTTO, HANNAH oder ANNASUSANNA.&

Solche Wörter, die rückwärts gelesen genau dasselbe Wort ergeben wie vorwärts, werden Wort-Palindrome genannt:+

& Im Rätselgedicht steckt übrigens noch ein solches Wort. Gefunden?

Es ist das vorletzte Wort.

+ Palindrom stammt vom altgriechischen Wort palíndromos und bedeutet dort so viel wie rückwärts laufend.

UHU
NUN
EHE
RAR
RADAR
RENTNER
KAJAK

Zu den Palindromen zählen auch Wörter, die rückwärts gelesen ebenfalls ein Wort ergeben, aber ein ganz anderes. Das ist zum Beispiel bei REGAL so – von hinten gelesen ergibt es LAGER.+ ∞

Auch das gibt es gar nicht so selten:

+ Ein anderes Spiel geht mit den Buchstaben oder Lauten eines Wortes viel freier um:

∞ Tom Riddle trifft Ojahnn Golgo van Fontheweg (S. 76)

TOR–ROT
LAGE–EGAL
GURT–TRUG
BEIL–LIEB
GRAS–SARG
NIE–EIN
SIE–EIS

Ein Palindrom kann sogar aus mehreren Wörtern oder aus einem ganzen Satz bestehen. Allerdings dürfen wir dann nicht auf die richtige Groß- und Kleinschreibung der Wörter achten:

REIT NIE EIN TIER

Sogar die Wortgrenzen müssen meistens außer Acht gelassen werden:

ANITA BAT INA
NIE FIES, SEI FEIN
TRUG TIM EINE SO HELLE HOSE NIE MIT GURT

Palindrome kommen übrigens nicht nur in der Sprache vor. Die gibt es auch bei nichtsprachlichen Zeichen, die aneinandergereiht werden:

– Wer zum Beispiel am 12.02.2021 geboren wurde, kann seinen Geburtstag auch einfach falsch herum aufschreiben und macht es – bis auf die Punkte – trotzdem richtig.

– Es gibt sogar Musikstücke, bei denen egal ist, ob die Noten vorwärts oder rückwärts gespielt werden – es hört sich immer gleich an.+

+ Paul Wetzger: Avant et Retour No. 2. Der französische Name Avant et Retour heißt ins Deutsche übersetzt vor und zurück.

Auf die Idee, Wörter rückwärts zu buchstabieren, kommen Schriftstellerinnen und Schriftsteller immer mal wieder. Richtige Palindrome entstehen dabei allerdings nur selten, weil »Wörter«

gebildet werden, die eigentlich keine sind, also keine Bedeutung haben. ∞ Lustig kann es aber trotzdem sein:

∞ Wer denkt sich die Wörter aus? (S. 26)

Lidokork

Ein großes, grünes Lidokork,
das badete im Nil.
Dann stieg es rückwärts aus dem Fluss
und war ein Krokodil.
Jetzt rennt zum kleinen Udakak
das grüne Ungetüm.
»Flieg rückwärts aus dem Wald heraus!«,
befiehlt es ungestüm.
Der kleine schüttelte den Kopf,
er war zu faul dazu.
So wurde aus dem Udakak
niemals ein Kakadu.

Paul Maar

Wörter auf Wanderschaft

Es gibt Wörter, die ein ruhiges und beschauliches Leben führen und gern in einer Sprache zu Hause bleiben. Es gibt aber auch Wörter, die abenteuerlich leben und auf Wanderschaft gehen.

Dass Wörter aus anderen Sprachen ins Deutsche eingewandert sind, kannst du ihnen oft anhören: Balalaika oder Emoji zum Beispiel klingen irgendwie anders als die meisten Wörter unseres Wortschatzes. Das macht es auch schwierig, ein gutes Reimwort für sie zu finden. + #

+ Reimwörter lassen sich leichter finden, wenn zwei Sprachen eng miteinander verwandt sind, wie Deutsch und Englisch zum Beispiel:

Paul Maar: Cat und rat

Ist the cat
allzu nett
wird the rat
dick und fett.

Andere erkennen wir eher an ihrer Schreibung: Wenn dir Stracciatella-Eis schmeckt, bist du bestimmt froh, das Wort trotzdem fast nie schreiben zu müssen. Und wieso schreiben wir beim Wort Clown nicht das, was wir hören, nämlich *Klaun*?

Manchmal ist auch die Grammatik dieser Wander-Wörter nicht ganz einfach: Wo schlagen wir nach, wenn wir die Mehrzahl eines fremden Substantivs nicht sicher kennen: in Lexikonen? Lexikons? Lexika? Und: Muss es eigentlich gedownloadet oder downgeloadet heißen?

Solche Wörter auf Wanderschaft nennen wir Fremdwörter.+ Je länger sie sich aber in einer anderen Sprache aufhalten, desto weniger fremd werden sie dort. Irgendwann sind sie dann richtig zu Hause.

Wörter, die ins Deutsche eingewandert sind, bekommen manchmal deutschsprachige Vorsilben oder Endungen. Die englischen Verben to chill und to check haben sich schon so gut ans Deutsche angepasst, dass wir jetzt sagen können: *Heute schon gechillt?* oder *Das muss ich schnell noch abchecken.*∞

Andere Fremdwörter verändern im Laufe der Zeit ihre Schreibung. Aus Portemonnaie – sogar Erwachsene hatten damit Schwierigkeiten – wurde Portmonee. Die Buchstaben, die wir nicht sprechen, wurden also weggelassen. Und die Buchstabenfolge -aie, die für das Französische typisch ist, wurde durch das -ee ersetzt.

Bei dem Wort Garage wurde hingegen nur die Aussprache an das Deutsche angeglichen. Auf Französisch wird das Wort nämlich *garaasch* ausgesprochen, ohne -e am Ende – obwohl es ja so geschrieben wird. Im Deutschen wird das -e am Ende von Wörtern aber stets mitgesprochen.

Irgendwann hören oder sehen wir es diesen Wörtern nicht mehr an, dass sie einmal eingewandert sind. Sie heißen dann auch nicht mehr Fremdwörter, sondern Lehnwörter.+ Kaum jemand ahnt heute noch, dass die Wörter Straße und Fenster sowie Butter und Papier irgendwann als Fremdwörter in die deutsche Sprache einwanderten.+

Aber warum wandern Wörter überhaupt ein? Hat das Deutsche nicht genug eigene? Doch, eigentlich schon. Oft wandern neue Namen gemeinsam mit neuen Dingen ein.

Vor ungefähr 500 Jahren kamen zum Beispiel die Tomaten aus Mittel- und Südamerika nach Europa, und mit ihnen ihr aztekischer Name. Ähnlich ging es auch der Avocado, dem Kakao und sogar der Gurke.+

Wieder andere Fremdwörter besuchen ihre deutschen »Verwandten«. Und weil wir gut mit ihnen klarkommen und sie mögen, bleiben sie einfach bei uns wohnen. Klingen die Wörter Mama und

+ Jedes vierte Wort unseres Wortschatzes ist übrigens ein solches Fremdwort!

∞ Wörter mit Kleinigkeiten – oder sind es Zauberdinger? (S. 94)

+ Lehnwörter heißen so, weil lehnen ein altes deutsches Wort für ausleihen ist. Eigentlich passt das gar nicht so gut, denn wir geben das Wort ja nicht an die andere Sprache zurück.

+ Straße: lateinisch via strata (Weg gepflastert)

Fenster: lateinisch fenestra (Öffnung in der Mauer)

Butter: altgriechisch boútyron (Kuhquark)

Papier: altgriechisch pápyros

+ Gurke ist ein richtig abenteuerlustiges Wort:

Gurke wanderte vom Altpersischen (angōrah) ins Griechische (ágūros) und von dort ins Polnische (ogurek), bevor es vor ungefähr 500 Jahren im Deutschen ankam.

Tomate: aztekisch tomatl
Avocado: aztekisch ahuacatl
Kakao: aztekisch cacauatl

∞ Urururomas Kunkelmagen und ein Beinschneider (S. 44)

∞ Es schmerzt das Haupt und brummt der Nischel (S. 53)

Papa, die im 17. Jahrhundert aus Frankreich eingewandert sind, denn nicht schöner und weicher als Mutter und Vater?

Manch anderes Fremdwort ist vielleicht auch einfach bequemer als die einheimischen Verwandten: Bei dem Wort Kino ist das ganz bestimmt so, weshalb das ältere Wort Lichtspielhaus fast ausgestorben ist. ∞

Oder wir halten fremde Wörter für cooler: Bevor junge Leute feiern gehen, stehen sie vor dem Spiegel, um sich zu stylen. Denn sich zurecht- oder ausgehfertig zu machen, klingt für junge Ohren bestimmt ziemlich uncool.

Mit einem »ryggsäck« in die »ferije«

Deutsche Touristen sind überall auf der Welt unterwegs. Aber egal, in welche Länder die vielen *Müllers*, *Schmidts* oder *Schneiders* + auch aufbrechen: Einige Wörter der deutschen Sprache waren schon lange vor ihnen da.+ Fahren wir ihnen mal hinterher. Los geht's.

Wir starten unsere Rundreise in *Dänemark*, wo die Leute mit schwung die Melodie von einem slager pfeifen. In *Norwegen* sind besserwisser auch keine netteren Menschen als hierzulande, vor allem wenn sie snikksnakk erzählen. Wer in *Schweden* begeistrad Nudeln isst und selber welche kocht, braucht zum Abgießen einen durkslag.

+ *Müller*, *Schmidt* und *Schneider* sind die drei häufigsten deutschen Familiennamen. Im Ausland gelten sie als typisch deutsche Namen:

∞ Ach wie gut, dass jeder weiß, dass ich Müller-Meier heiß (S. 70)

+ In diesen Ländern und Sprachen sind die deutschen Wörter dann Fremdwörter:

∞ Wörter auf Wanderschaft (S. 82)

Weiter geht es rund um die Ostsee: Im *finnischen* Helsinki machen wir eine kahvipaussi und essen eine bratwursti oder ein mysli. In Sankt Petersburg könnten wir uns in den Zug setzen, um das große *Russland* von West nach Ost zu durchqueren. Dafür sollten wir aber sitzflajsch haben, denn das kann schon mal zwei Wochen dauern. Im Zug werden aintopf, schnizel und buterbrod serviert.

Im reisibüroo im *estnischen* Tallinn dürfen wir unsere kohver abstellen, um durch die Stadt zu bummeln. In *Lettland* schauen wir kurz bei onkulis und tante vorbei. Die sind aber beide seit einer stunda beim ārsts. Mhm, das ist gar nicht lustīgs.

In *Litauen* essen wir uns an tortas und vafliai so richtig satt, bevor es weitergeht nach *Polen*. Auf unserer rejs bekommen wir in manchen Hotels einen szlafrok. Und in der kuchnia gibt es sicher eine brytfanna und die eine oder andere flaszka.

Magst du knedle? Diese leckere špajza wird uns nämlich in der *Slowakei* serviert. An der Grenze zu *Ungarn* schallt uns ein fröhliches szervus entgegen, das ist kein vicc! Auf der Weiterreise durch *Serbien*, *Bosnien*, *Kroatien* und *Slowenien* genügt im Sommer eine vindjakna, den mantil brauchen wir erst wieder für die ferije im Winter. Wichtig: Nach einem fruštuk im Restaurant nie das tringelt vergessen!

Auch in *Italien* wird übrigens gern birra getrunken. Schön ist es dort nicht nur direkt am Meer, sondern auch im hinterland, also weit weg von der Küste.

Angekommen in *Frankreich* hören wir, dass dringend etwas gegen das waldsterben unternommen werden muss. Sonst ist der Wald bald kaputt.+ Nach kurzer Fahrt durch *Belgien* schreiben wir aus den *Niederlanden* eine ansichtkaart nach Hause.

+ Das Wort kaputt ist sogar bis Ostafrika gereist. Auf Kiswahili ist jemand während einer Operation nusu kaputt – das bedeutet halb kaputt, also unter Narkose.

Manche deutschen Wörter haben Europa sogar verlassen und es weit in die Welt hinaus geschafft. In den Bergen *Neuseelands* ist abseiling ein beliebter Sport. Welchen Sport ein poltergeist mag, ist hingegen nicht bekannt.

Vielleicht erfahren wir das ja beim kaffeeklatsching in den *USA*. Zum Kaffee gibt es ein Stück strudel. Wer es lieber herzhaft mag, bekommt in Supermärkten auch liverwurst und sauerkraut. Sauerkraut ist sogar in *Japan* bekannt, und zwar als zawakurauto.& Dort fahren die Leute auf der autoban zu ihrer arubaito, einem Job, den sie kurz nur noch baito nennen.

Übrigens: Es wäre auf unserer Reise kein Problem gewesen, wenn wir irgendwo unseren Rucksack liegen gelassen hätten. Fast in der ganzen Welt können wir nach ihm fragen: in *Frankreich* (rucksac), *Russland* (rjuksak), *Schweden* (ryggsäck) und sogar in *Japan* (ryukkusakku) und *Papua-Neuguinea* (ruksack).

Rucksack – das ist ein richtiges Weltenbummler-Wort. Genau wie Kindergarten und Wunderkind.

& Bei zawakurauto wird es schon ein wenig knifflig, das deutsche Wort noch zu erkennen. Erkennst du bei den folgenden Entlehnungen das deutsche Wort?

- in Bulgarien: schibidach
- in Rumänien: biglais
- in der Türkei: otoban
- in Albanien: rikverc
- in Griechenland: pretsel
- in der Ukraine: knajpa

Schiebedach
Bügeleisen
Autobahn
Rückwärtsgang
Brezel
Kneipe

Wenn Frühaufstücker funtastisch vermilchreisen

Der dürre Zauberer *Beelzebub Irrwitzer* und seine fette Tante, die Hexe *Tyrannja Vamperl*, haben ein Problem: Das Jahr ist fast herum, aber sie haben viel zu wenige böse Taten vollbracht. Ihre Rettung, glauben sie, kann nur ein uralter und mächtiger Zaubertrank sein, mit dem in kürzester Zeit besonders viel Unheil angerichtet werden kann: *der satanarchäolügenialkohöllische Wunschpunsch.*#

Michael Ende: Der satanarchäolügenialkohöllische Wunschpunsch

Welches Unheil der höllische Zaubertrank ganz konkret bewirkt, kannst du im Buch nachlesen, vor allem, wenn du Spaß an Wortspielereien hast.

In diesem langen und fast unaussprechlichen Wort steckt ganz schön viel drin: Der SATAN (also der Teufel) und ANARCHIE (was so viel heißt wie Gesetzlosigkeit), die ARCHÄOLOGIE (die Wissenschaft von alten Kulturen) und die LÜGE, und das alles GENIAL vermischt mit ALKOHOL. HÖLLISCH!

Verbunden werden diese sieben Wörter durch Silben oder Buchstaben, die in den jeweils aufeinanderfolgenden Wörtern gleich sind:

SATAN	+ ANARCHIE	= SATANARCHIE
ANARCHIE	+ ARCHÄOLOGIE	= ANARCHÄOLOGIE
ARCHÄOLOGIE	+ LÜGE	= ARCHÄOLÜGE
LÜGE	+ GENIAL	= LÜGENIAL
GENIAL	+ ALKOHOL	= GENIALKOHOL
ALKOHOL	+ HÖLLISCH	= ALKOHÖLLISCH +

+ Hier wird ein wenig geschummelt, denn aus dem O wird ein Ö.

Diese sechs neuen Wörter haben nun ebenfalls gemeinsame Silben oder Buchstaben. So lassen sich immer wieder neue Wörter bilden. Und am Ende steht ein einziges beeindruckendes Wort für diesen sagenhaft-gefährlichen Punsch:

satanarchäolügenialkohöllisch.

So können doch keine Wörter gebildet werden! Da blickt doch niemand durch!

Zugegeben: Dieses Wort übertreibt es vielleicht ein bisschen. Aber die Idee, die hinter dieser Wortbildung steckt, kennst du: Stell dir vor, du hast ein Bild gemalt. Es ist eigentlich schon perfekt, und trotzdem möchtest du es noch ein ganz klein wenig verbessern. Dabei kann es passieren, dass du es schlimmer machst – nun, dann hast du dein Bild wohl verschlimmbessert. Um dich zu trösten, isst du vielleicht eine Süßigkeit aus Milch und Kakao: Milka. Und immer, wenn du nicht weißt, ob du auf eine Frage mit Ja oder lieber mit Nein antworten sollst, sagst du eben Jein.#

Einheitliche Regeln, wie solche Wörter gebildet werden, gibt es nicht. Das Rezept ist aber immer gleich:

- Nimm mindestens zwei Wörter (gern auch mehr).
- Verkürze irgendwie mindestens eines der Wörter (gern auch alle).
- Vermische die Wörter miteinander.

Wichtig ist – und das ist die einzige Regel: Alle deine Wörter müssen im neuen Wort noch erkennbar sein. Nur so können wir uns nämlich gut vorstellen, was ein Mammufant ist.&

So lässt es sich prima mit den Wörtern herumspielen. Wer ältere Geschwister hat, kennt vielleicht solche lustigen Abitur-Sprüche:

- NutellAbi – Alles wie geschmiert
- AbiTour – Auf und davon
- Abikini – Knapp, aber passt schon

Diese kreativen Wortbildungen sollen vor allem eines: auffallen. Deshalb finden wir sie oft in der Werbung:&

- Frühaufstücker: In einer Radiowerbung wurden Frühaufsteher zum Frühstück in die Autobahn-Raststätten gelockt.

Mit den Wörtchen ja und nein spielen auch Paul Maars Gedichte von JAguar und NEINguar.

Paul Maar: JAguar und NEINguar

& Welche Tiere erkennst du in den Wörtern aus Christian Morgensterns Gedicht »Neue Bildungen, der Natur vorgeschlagen«?

Turtelunke
Schoßeule
Gürtelstier
Tagtigall
Rhinozepony

& Welche Wörter stecken in den folgenden Bildungen? Quäse | beerenstark | Schlafmünzen | sparadiesisch | Tankeschön | Feinschlecker Wofür könnten sie werben?

- funtastisch: Eine Werbeanzeige für fantastische Skateboards versprach, dass das Fahren mit ihnen besonders viel Spaß (englisch: fun) mache.
- vermilchreisen: In einer Fernsehwerbung konnte der Chef nicht ans Telefon kommen, weil er vermilchreist sei. Er war natürlich gar nicht verreist, sondern saß gemütlich nebenan und löffelte einen Milchreis.

Es gibt viele Möglichkeiten, solche neuen Wörter zu bilden. Und es gibt auch viele Bezeichnungen dafür. Einige davon sind sehr anschaulich: Wortkreuzung, Klappwort, Kofferwort, Mischwort, Tandemwort und Wortverschmelzung.+

+ In der Sprachwissenschaft heißen sie meistens Kontaminationen. Das ist lateinisch und bedeutet in diesem Zusammenhang, dass wir die Wörter vermischen oder ineinander verflechten.

Von Tischen, Beinen und Tischbeinen

Viele Wörter sind schön kurz: Tisch und Bein zum Beispiel. Solche kurzen Wörter sind oft mächtig alt.+ Du weißt, was sie bedeuten. Aber: Das siehst du ihnen überhaupt nicht an. Oder siehst du an dem Wort Tisch irgendetwas besonders Tischiges? Bei Bein ist es auch nicht besser.+ ∞

Die Wörter Tisch und Bein lernen kleine Kinder recht früh. Wahrscheinlich, weil sie ziemlich oft gebraucht werden. Wenn wir aber erst einmal sprechen können, wird es einfacher: Viele Wörter müssen wir dann gar nicht erst lernen. Wir verstehen sie sofort, auch wenn wir sie vorher noch nie gehört oder gelesen haben!

Das Wort Abendkeks zum Beispiel. Kennst du nicht, oder? Und trotzdem hast du wahrscheinlich sofort eine Idee, was es bedeuten könnte: Du siehst dem Wort an, dass es wohl auf jeden Fall um einen Keks geht. Vielleicht um einen, den jemand immer kurz vor dem Zubettgehen isst. (Noch vor dem Zähneputzen, versteht sich.)

+ Tisch und Bein sind schätzungsweise 1000 Jahre alt oder sogar noch älter.

+ Bei den Wörtern Bett und Bild ist das auch nicht anders.

∞ Wer schläft schon gern in Bildern und hängt sich Betten an die Wand? (S. 32)

So funktionieren vor allem die zusammengesetzten Wörter. Davon gibt es in der deutschen Sprache viel mehr als in anderen Sprachen. Und ständig kommen neue hinzu, weil wir sie einfach mal so nebenbei bilden können, wann immer wir sie brauchen (wie Abendkeks eben). Wir hören oder lesen sie zum allerersten Mal und wissen trotzdem sofort Bescheid. + ∞

+ Wörter auf diese Art zusammenzusetzen, ist übrigens ein typisches Merkmal der deutschen Sprache. Was ist noch typisch?
∞ Deutsch ist, wenn es knackt und blökt (S. 18)

Tischbein ist auch so ein Wort (obwohl das natürlich schon viel bekannter ist als Abendkeks). Du siehst sofort, woraus es besteht: Es wurde aus den kurzen Wörtern Tisch und Bein zusammengesetzt. + (Woraus die Wörter Tisch und Bein bestehen, lässt sich jedenfalls nicht so einfach sagen.) ∞

+ So ein zusammengesetztes Wort wird Kompositum genannt. Und das Zusammensetzen heißt Komposition. Ja, wie in der Musik: Nur werden dort Noten zusammengesetzt, keine Wörter. Die Noten ergeben dann eine Melodie.

∞ Wie werden aus lauter Lauten lauter Wörter? (S. 12)

Und noch etwas siehst du gleich: Ein Ding, das Tischbein genannt wird, ist auf gar keinen Fall ein Tisch. Es ist immer ein Bein. Das Wort Tisch bestimmt dafür aber näher, um was für ein Bein es sich handelt – nicht andersherum.

Nun, **was für ein** Bein ist es denn, unser Tischbein? Oder anders gefragt: Wie bestimmt das Wort Tisch das Wort Bein genau?

- Ist es wie beim Wort Kartoffelnase? Eine Kartoffelnase ist eine Nase, die wie eine Kartoffel aussieht. Klar. Dann wäre also ein Tischbein ein Bein, **das aussieht** wie ein Tisch? Wohl kaum.
- Oder ist es eher wie beim Wort Glasmurmel, also einer Murmel aus Glas? Dann wäre ein Tischbein ja ein Bein, das **aus** einem Tisch **besteht**. Unfug.
- Aber vielleicht wie bei Tischdecke? Das ist ja zur Hälfte sogar dasselbe Wort wie unser Tischbein. Eine Tischdecke ist eine Decke, die wir auf den Tisch legen. Also ist ein Tischbein ein Bein, das wir **auf** den Tisch … Nein, Schluss damit!

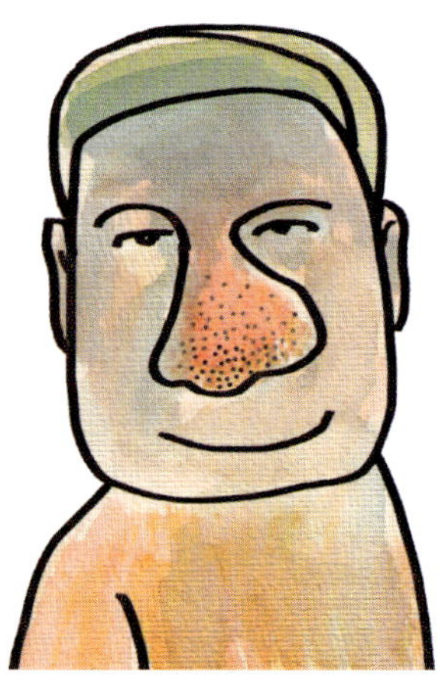

Du siehst: Über das zusammengesetzte Wort Tischbein wissen wir viel mehr, als es uns das Wort selbst verrät. Nämlich, dass das Bein **als Teil** zu einem Tisch gehört.

Außerdem ist uns klar, dass es gar nicht um ein Bein im wörtlichen Sinne geht, also um das, wovon Menschen zwei, Katzen vier und Spinnen acht haben. Tische laufen ja nicht. Es ist also eine übertragene Bedeutung. ∞

∞ Was is'n das für'n Saustall hier? (S. 65)

Die meisten zusammengesetzten Wörter funktionieren so: Die rechte Seite des Wortes gibt den Ton an. Sie sagt, worum es auf jeden Fall geht. Die linke Seite aber bestimmt die rechte Seite näher. Sie macht klar, worum es sich denn nun genau handelt.

Das ist sogar bei gaaanz langen Bandwurmwörtern so:

Schneeseekleerehfeedrehzehwehteekessel

Von diesem sagenhaften Kessel – so viel ist schon mal klar, denn ganz rechts steht ja das Wort Kessel – also von diesem Kessel wird in einem Buch mit höchst merkwürdigem Titel erzählt.# Das muss also ein Kessel sein, in dem jemand einen ganz besonderen Tee zubereitet, nämlich den

Franz Fühmann: Die dampfenden Hälse der Pferde im Turm von Babel. Ein Sprachspielbuch

Schneeseekleerehfeedrehzehwehtee

Was es mit diesem Kessel und dem Tee darin wohl auf sich hat?

Wörter mit Kleinigkeiten – oder sind es Zauberdinger?

Viele Wörter schleppen kleine Dinger mit sich rum, die du auf den ersten Blick vielleicht gar nicht für voll nimmst. Die aber überaus wichtig sind für diese Wörter. Warum? Ganz einfach: Es sind kleine Zauberdinger, denn sie können Wörter verwandeln. Schau mal genau hin.

Oben steht zum Beispiel das Wort einfach. Mit diesem Wort ist es aber leider überhaupt nicht so einfach, wie du vielleicht denkst. Es heißt zwar einfach, aber es besteht schon mal selbst aus zwei Teilen: aus dem Wort ein und aus der Endung -fach. So, wie das auch bei zweifach, dreifach und vierfach ist. Selbst bei millionenfach macht das nicht Halt.

Da hängt also überall -fach dran.+ (Und das ist nicht etwa das Substantiv Fach, denn was sollte auch ein Einfach sein?) Die Wörter bestehen alle aus einem Wort für eine Zahl und dem Zauberding -fach. Und so gibt es dann zweifache Siegerinnen, dreifache Torschützen, vierfache Saltos und millionenfache Klicks im Internet.

Nur mit unserem einfach ist es wieder gar nicht so einfach: Bei einer einfachen Aufgabe, einem einfachen Muster oder bei einfachen Leuten ist ja nicht die Anzahl wichtig.+ Einfach bedeutet irgendwie etwas anderes, nämlich: Die Aufgabe ist leicht, das Muster nicht besonders auffällig und die Leute sind bescheiden und unkompliziert. Eben einfach.

Auch -ig ist übrigens so ein Zauberding. Es verwandelt den Spaß zu spaßig, lebend zu lebendig und bald zu baldig. Aber aufgepasst: Nicht überall, wo die Buchstaben i und g hintereinander auftauchen, entfaltet sich auch der Zauber von -ig: Bei König zum Beispiel nicht. Warum? Ganz einfach: Wüsstest du, was ein Kön ist? Wahrscheinlich nicht, genauso wen-, wie du es bei Käf- wüsstest (äh, genauso wenig, wie du es bei Käfig wüsstest).+

+ Diese kleinen Zauberdinger werden Affixe genannt. Stehen sie vorn im Wort, dann sind es Vorsilben (oder auch Präfixe). Stehen sie am Ende, also nach dem von ihnen verzauberten Wort, heißen sie Nachsilben (oder Suffixe).

+ Manchmal ist die Anzahl eins aber doch wichtig. Meistens in Substantiven, die mit dem Wort einfach gebildet werden: Bei einer Einfachimpfung musst du zum Glück nur einmal gepikst werden, damit sie wirkt.

+ Wenn ein Affix ein Wort in ein anderes Wort verwandelt, dann werden Wörter aus anderen Wörtern abgeleitet. Der ganze Zauberspaß heißt dann Ableitung (oder auch Derivation).

Dafür könntest du mit -ig aber Tischbein zu tischbeinig verwandeln. Das Wort gibt es gar nicht, meinst du? Okay, in einem Wörterbuch steht es sicher nicht. Wir verstehen es aber trotzdem: Etwas, das tischbeinig ist, ist dann so wie ein Tischbein: lang und stabil, um irgendetwas abzustützen. Klingt vielleicht komisch, ist aber möglich.

Ganz ähnlich könntest du dafür auch -artig verwenden: tischbeinartig. Das klingt schon wieder nicht mehr so seltsam, oder? Fallen dir noch weitere Zauber ein? Wie wäre es mit tischbeinmäßig oder – hier wird es aber schon wieder ziemlich komisch – tischbeinlich?+ #

Nein, das -lich lassen wir vielleicht doch lieber die Substantive Herz, Freund und Kind verzaubern, und zwar zu herzlich, freundlich und kindlich. Oder die Adjektive neu zu neulich, grün zu grünlich und klein zu kleinlich. Auch die Verben sind nicht vor dem -lich-Zauber sicher: fraglich, tauglich und erstaunlich. Erstaunlich!

Manche kleinen Zauberdinger können sogar wachsen. Schau doch noch mal in den Titel, da steht: Kleinigkeit. Das Wort Klein-ig gibt's nicht. Kleinkeit auch nicht. Aber Kleinigkeit gibt's, also: Kleinigkeit.

+ Es mag zwar komisch klingen, wenn Endungen vertauscht werden. Falsch muss es deshalb aber nicht unbedingt sein:

Beschwipst vom eigenen Wunschpunsch wirft zum Beispiel der Zauberer *Irrwitzer* brabbelnd seiner Tante *Tyrannja* vor:

»Du brings ja schon alles durchnander! Bist ja wohl'n bisschen viel zu stümperlich, armes altes Mädchen.«

Klar, eigentlich müsste es stümperhaft heißen. Aber wir verstehen es trotzdem.

Michael Ende: Der satanarchäolügenialkohöllische Wunschpunsch

Doch aufgepasst. Hin und wieder sieht es nur so aus, als ob die Zauberdinger zusammengewachsen wären: Bei Freundlichkeit ist das Zauberding nämlich nicht -lichkeit. Vielmehr sind es zwei, die einfach nacheinander ihre Zauberkraft wirken lassen:

Erst verwandelt -lich das Substantiv Freund in das Adjektiv freundlich. Und dann kommt -keit: Es kann zwar den Verwandlungszauber von -lich nicht einfach zurücknehmen. Es fügt aber einen neuen Zauber hinzu – und schwupps: Schon haben wir wieder ein Substantiv, nämlich die Freundlichkeit.+

+ Freund, freundlich und Freundlichkeit: Diese Wörter sind einander sehr ähnlich und sie gehören auch eng zusammen, so wie eine Familie. Wer noch zu dieser Wortfamilie gehört, ist klar: anfreunden, Freundschaft, Freundin, aber auch Freundchen (das ist wahrscheinlich das schwarze Schaf der Familie).

Von wegen »bedeutungslose Wortkrümel«

Paul aus der Geschichte »Der Sprachabschneider« hat viel Fantasie.# Leider hat er für seine Träumereien kaum Zeit, denn er hat viel zu viele Hausaufgaben. Dann aber begegnet er einem merkwürdigen Mann. Der schlägt ihm vor, seine Hausaufgaben zu machen. Natürlich nicht umsonst. Paul muss ihm dafür einen Teil seiner Wörter abgeben. Nur einen Teil. Ein sehr verlockendes Tauschgeschäft!

Hans Joachim Schädlich: Der Sprachabschneider

Stell dir vor, auch dir schlägt jemand einen solchen Deal vor. Für jede Woche ohne Hausaufgaben sollst du eine Wortart abgeben. Worauf würdest du verzichten?

Auf die Substantive, also auf so etwas wie Schokolade, Vorfreude oder Ferien? Schwierig. Anstelle von Ferien könntest du ja noch nicht einmal so etwas sagen wie »Zeit, in der keine Schule ist«, denn da stecken ja schon wieder zwei Substantive drin.+

\+ Unter den allerersten richtigen Wörtern, die du als Kleinkind gelernt hast, waren viele Substantive: Mama und Papa, Ball, Milch, Katze und vielleicht Nase oder Auto. So treue Freunde magst du bestimmt nicht eintauschen.

Dann vielleicht die Verben? Um lernen, aufräumen und schlafen gehen wäre es nicht schade. Aber dann fielen auch zocken, chillen und feiern weg. Nein, das kommt nicht in Frage. Und überhaupt: Du musst ja schließlich ausdrücken können, was du tust und was gerade so passiert.

Nun, dann eben die Adjektive und Adverbien. Dann könntest du aber nicht gleich um eine große Portion Schokopudding bitten, bevor nur eine kleine serviert wird. Und nur, weil manche Menschen ständig links und rechts verwechseln, ist das doch noch lange kein Grund, diese Wörter einfach wegzugeben.

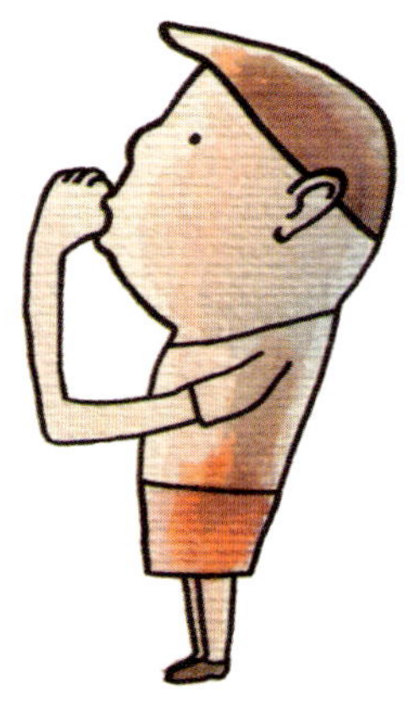

Auf Substantive, Verben, Adjektive und Adverbien kannst du also nicht verzichten. Die kommen ja zur Not auch alleine klar: Rufst du Hunger, wissen alle, dass du etwas essen musst. Murmelst du schlafen, willst du ins Bett. Bei kalt bringt dir bestimmt jemand eine Jacke. Und als Antwort auf die Frage, wann du endlich nach Hause kommst, reicht ja bald. Das funktioniert, weil in all diesen Wörtern der Inhalt ja schon irgendwie drinsteckt. Sie werden deshalb Inhaltswörter genannt.

Was also gibst du dafür, dass jemand deine Hausaufgaben macht? Eigentlich bleiben ja nur noch die Wörter übrig, die alleine für sich nichts oder nur wenig bedeuten, die ganzen »bedeutungslosen Wortkrümel« also. Da sie nur zusammen mit den Inhaltswörtern funktionieren, werden sie Funktionswörter genannt. Das sind:

- Wörter, die Substantive begleiten: die Artikel (die – der – das, ein – eine ...);
- Wörter, die für Substantive oder ganze Satzteile einspringen können: die Pronomen (er – sie – es, meiner, dessen, dieses, jemand ...);
- Wörter, die Sätze oder Wörter miteinander verbinden: die Konjunktionen (und – oder – weil ...)
- und Wörter, die klipp und klar sagen, ob zum Beispiel jemand mit dir oder gegen dich spielt, ob du bis heute oder ab heute Ferien hast: die Präpositionen also.

Lass uns mal probieren, ob sich diese »Wortkrümel« gegen Zeit zum Träumen eintauschen lassen. Wir streichen sie einfach mal aus dem folgenden Satz raus:

~~Ich~~ habe ~~in dieser~~ Woche viel Zeit ~~zum~~ Träumen,
~~weil jemand für mich die~~ Hausaufgaben macht.

Übrig bleibt also:

Habe Woche viel Zeit Träumen, Hausaufgaben macht.

Oha! Möchtest du so reden? Paul redet so. Mit seiner verstümmelten Sprache sorgt er nur noch für Spott und Ärger. Er fordert deshalb vom Sprachabschneider die Wörter zurück.#

Die Wörter bekommt Paul nicht umsonst zurück. Er muss dafür ganz schön viel tun. Was? Schau am besten selbst ins Buch.

Übrigens: Wie wichtig gerade diese »Wortkrümel« sind, zeigt die Liste der Wörter, die im Deutschen am häufigsten vorkommen. Sie beginnt mit:

der, die, und, in, zu, den, das, nicht, von, sie, des, sich, mit, dem, dass, er, es, ein, ich, auf, so, eine, auch, als, an, nach, wie, im und für.

Von wegen »bedeutungslose Wortkrümel«. Die gibt es nicht!

Wichtige Wörter, damit du sie schnell wiederfindest

Literatur, die in den Texten erwähnt wird

S. 11: Karsten Brensing: Wie Tiere sprechen – und wie wir sie besser verstehen. Loewe Verlag, Bindlach 2020.

S. 15: Mathias Jeschke: Der Wechstabenverbuchsler. Illustrationen von Karsten Teich. Boje Verlag, Köln 2010.

S. 17: James Krüss: Das Feuer. In: Der wohltemperierte Laierkasten. cbj Kinderbuch, Penguin Random House, München 2013.

S. 17: James Krüss: Timm Thaler oder Das verkaufte Lachen. Verlag Friedrich Oetinger, Hamburg 2017.

Paul Maar: Die Krähe. S. 18. Cat und rat. S. 83. JAguar und NEINguar. S. 90. Lidokork. S. 82. Aus: Jaguar und Neinguar. Gedichte. Oetinger Verlag, Hamburg 2007.

S. 23: Katharina Reschke: Roxy- Sauerteig-Buchreihe. Baumhaus, Köln 2015.

S. 26: Jutta Limbach (Hg.): Das schönste deutsche Wort. Liebeserklärungen an die deutsche Sprache. Herder-Spektrum Bd. 5801, Freiburg, Basel, Wien 2006.

S. 27: Rose Ausländer: Wort an Wort. In: Regenwörter. Reclams Universalbibliothek, Stuttgart 2017.

S. 28: Astrid Lindgren: Pippi findet einen Spunk. Verlag Friedrich Oetinger, Hamburg 2019.

S. 30: Andrew Clements: Frindel oder die Kunst, ein Wort neu zu erfinden. Carlsen Verlag, Hamburg 2007.

S. 30: Joanne K. Rowling: Harry Potter und der Stein der Weisen. Carlsen Verlag, Hamburg 2005.

S. 31: Lewis Carroll: Alice hinter den Spiegeln. Null Papier Verlag, Düsseldorf 2020.

S. 34: Peter Bichsel: Ein Tisch ist ein Tisch. Suhrkamp, Frankfurt am Main 1995.

S. 36: Cornelia Funke: Die wilden Hühner. Fuchsalarm. Dressler Verlag, Hamburg 2018.

S. 36: Astrid Lindgren: Kalle Blomquist.
Verlagsgruppe Oetinger, Hamburg 1996.

S. 37: Gerhard Schöne: Das Auto von Lucio. 20 Kinderlieder aus aller Welt.
Patmos Verlag, Düsseldorf 1991.

S. 39: Rudyard Kipling: Das Dschungelbuch.
epubli, Berlin 2019.

S. 39: Kinder- und Hausmärchen der Brüder Grimm: Frau Holle.

S. 39, 57: Joanne K. Rowling: Harry-Potter-Romane.

S. 39: Johanna Spyri: Heidi.
Bohem Press, Zürich 2020.

S. 40: Ella Frances Sanders: Lost in Translation. Unübersetzbare Wörter aus der ganzen Welt.
DuMont, Köln 2017.

S. 42: Kinder- und Hausmärchen der Brüder Grimm: Tischlein, deck dich.

S. 43: Kinder- und Hausmärchen der Brüder Grimm: Die Gänsemagd.

S. 50, 52: Andreas Steinhöfel: Rico, Oskar und der Diebstahlstein.
Carlsen Verlag, Hamburg 2016.

S. 53: Elfie Donnelly: Bibi Blocksberg.
Pestalozzi Verlag, Erlangen 1986.

S. 58: Kinder- und Hausmärchen der Brüder Grimm: Rumpelstilzchen.

S. 60: Walter Moers: Die 13 1/2 Leben des Käpt'n Blaubär.
Eichborn Verlag, Frankfurt a. M. 1999.

S. 63: Deutsches Schimpfwörterbuch.
Meinhardt Verlag, Arnstadt 1839.

S. 64: Hook, Film von Steven Spielberg.
Polygram, Hamburg 1992.

S. 64, 76: James M. Barrie: Peter Pan.
Coppenrath Verlag, Münster 2017.

S. 68: Franz Fühmann: Reineke Fuchs.
Hinstorff Verlag, Rostock 1985.

S. 68: Johann Wolfgang von Goethe: Reineke Fuchs.
Nikol Verlag, Hamburg 2020.

S. 68: Janosch: Reineke Fuchs.
Little tigerbooks, Gifkendorf 2012.

S. 70: Heinrich Hoffmann: Der Struwwelpeter.
Alfa-Veda-Verlag, Oebisfelde, 1917.

S. 73: Andrea Karime, Annette von Bodecker-Büttner:
Kalim Baba und die Wörterlampe.
Picus Verlag, Wien 2015.

S. 73, 75: Michael Ende: Jim Knopf und Lukas der Lokomotivführer.
Thienemann, Stuttgart, Wien 2004.

S. 75: Michael Ende: Jim Knopf und die Wilde 13.
Thienemann-Esslinger, Stuttgart 2015.

S. 76: Michael Ende: Die unendliche Geschichte.
Thienemann, Stuttgart 2019.

S. 76: Peter Hacks: Armer Ritter.
Kinderbuchverlag Berlin 1981.

S. 78: Joanne K. Rowling: Harry Potter und die Kammer des Schreckens.
Carlsen Verlag, Hamburg 2006.

S. 78: Walter Moers: Das Labyrinth der Träumenden Bücher.
Penguin Verlag, München 2017.

S. 78: Walter Moers: Prinzessin Insomnia & der alptraumfarbene Nachtmahr.
Albrecht Knaus Verlag, München 2017.

S. 89, 96: Michael Ende: Der satanarchäolügenialkohöllische Wunschpunsch.
Thienemann, Stuttgart 2013.

S. 90: Christian Morgenstern: Neue Bildungen, der Natur vorgeschlagen.
Reclam Verlag, Leipzig 1978.

S. 94: Franz Fühmann: Die dampfenden Hälse der Pferde im Turm von Babel.
Ein Sprachspielbuch.
Hinstorff Verlag, Rostock 2005.

S. 98: Hans Joachim Schädlich: Der Sprachabschneider.
Dōgakusha Verlag, Tokyo 1989.

Es gingen mit dir auf Wort-Schatz-Suche:

BRIGITTE SCHNIGGENFITTIG, geb. 1960, studierte Sprach- und Übersetzungswissenschaft an der Humboldt-Universität Berlin. Sie arbeitet als Dolmetscherin und Übersetzerin und lehrt seit 1985 an der Martin-Luther-Universität Halle-Wittenberg zur deutschen und zur polnischen Sprache.

Dr. JÖRG WAGNER, geb. 1965, absolvierte ein Lehrer-Studium für die Fächer Deutsch und Englisch an der Martin-Luther-Universität Halle-Wittenberg. Im Anschluss promovierte er in Angewandter Sprachwissenschaft. Seit 1993 lehrt er Sprachwissenschaft am Germanistischen Institut der Universität Halle.

DIETER GILFERT, geb. 1953 in Landsberg/Saalkreis, studierte Malerei und Grafik an der Hochschule für industrielle Formgestaltung Burg Giebichenstein (heute: Burg Giebichenstein Kunsthochschule Halle). Von 1976 bis 1978 war er künstlerischer Mitarbeiter am Institut für Architekturemaille Burg Giebichenstein, seit 1978 arbeitet er freischaffend als Maler und Grafiker in Halle (Saale).

Deine Wortschätze

Schöne Wörter:

Lustige Wörter:

Schreckliche Wörter:

Schwierige Wörter:

Deine Wortschätze

Lustige Schimpfwörter:

Coole Wörter:

Ausgedachte Wörter:

Geheime Wörter:

Carola Wegerle: Eine Erzählung vom Theater
mit Illustrationen von Hanna Koch
ISBN 978-3-9818484-2-7
Hardcover, Fadenheftung, 56 Seiten
zahlreiche Illustrationen und Fotografien
14,90 Euro [D]

Der neunjährige Jonas darf am Theater vorsingen und erhält eine Rolle als kleines Monster in einem Musical für Kinder. Nun beginnen die Proben, Kostüme werden geschneidert, die Bühne verwandelt sich in einen Zauberwald. Dabei erfährt Jonas, wer am Theater arbeitet und was alles nötig ist, damit ein Theaterstück oder Musical aufgeführt werden kann. – Endlich ist Premiere und der Applaus der Zuschauer belohnt alle Mitwirkenden für ihre Mühe.

Renate Klöppel: Nico, Emmi und der Wetterfrosch
mit Illustrationen von Daniela Veit
und einem Kommentar von Sven Plöger
ISBN 978-3-9818484-7-2
Hardcover, Fadenheftung, 144 Seiten
zahlreiche Illustrationen und Fotografien
24 Euro [D]

Es blitzt und donnert und Nico und Emmi fürchten sich ein bisschen. Ist ein Gewitter gefährlich? Woher kommen Blitz und Donner? Wie und warum entstehen Wolken, warum regnet, schneit oder hagelt es, und woher kommt der Wind? – Fragen, die der Onkel der beiden Kinder beantworten kann, denn er ist Meteorologe und wird von Nico und Emmi heimlich »Wetterfrosch« genannt.

Sch
a
ch
t
el
wör
t
e
r